Kleine St.Galler Reformationsgeschichte

Marianne und Frank Jehle

Kleine St.Galler Reformationsgeschichte

Herausgegeben vom evangelisch-reformierten Kirchenrat
des Kantons St.Gallen

T V Z
Theologischer Verlag Zürich

Umschlagbild:

Die Kappeler Milchsuppe. Relief von Otto Münch an der Zwinglitüre des Zürcher Grossmünsters. 1935–1938. Das Bild vergegenwärtigt ein Ereignis aus dem ersten Kappelerkrieg (vgl. im Text S. 101). Zweihundert Stadt-St.Galler und viele Toggenburger und Gasterländer nahmen an diesem Feldzug teil. Die einfachen Soldaten beider Parteien, die aus dem gleichen Becken assen, während ihre Vorgesetzten über einen Waffenstillstand verhandelten, wurden über die Jahrhunderte hinweg zum Vorbild tätiger Ökumene.

Die Deutsche Bibliothek – Bibliografische Einheitsaufnahme

Die Deutsche Bibliothek verzeichnet diese Publikation in der Deutschen Nationalbibliographie; detaillierte bibliographische Daten sind im Internet über http://dnb.ddb.de abrufbar.

Druck: AZ Druck und Datentechnik, Kempten

1. Auflage 1977
2. Auflage 1987
Zollikofer AG, St.Gallen

3. Auflage 2006
© Theologischer Verlag Zürich
www.tvz-verlag.ch

ISBN-10: 3-290-17414-X
ISBN-13: 978-3-290-17414-9

Inhaltsverzeichnis

Vorwort

Mit grosser Freude schickt der Kirchenrat der evangelisch-reformierten Kirche des Kantons St.Gallen dieses gediegene Werk
in die Öffentlichkeit hinaus. Entstanden aus dem Bedürfnis, den
Primarlehrern an der Mittelstufe, die nach dem neuen Lehrplan
ihre Schüler in die Reformationsgeschichte der Ostschweiz ein-
zuführen haben, an die Hand zu gehen, füllt es darüber hinaus
eine gewichtige Lücke aus. Es stellt auf knappe und einprägsame
Weise auch für viele weitere Glieder unserer Gemeinden dar, wie
die Stürme des Reformationszeitalters auch in unseren ost-
schweizerischen Gefilden sich ausgewirkt haben.

Doch ist es überhaupt sinnvoll, im Zeitalter des ökumenischen
Zusammenrückens das in Erinnerung zu rufen, was uns seinerzeit getrennt hat? Dann sicher nicht, wenn man versucht, durch
dieses Auflebenlassen der Vergangenheit die damals aufgerich-
teten Mauern neu auszubessern und die aufgerissenen Gräben
noch zu vertiefen. Das aber wollten die Verfasser nicht tun.
Durch ihre sachliche, nüchterne und kritische Darstellung der
Vorgänge in der ersten Hälfte des 16. Jahrhunderts haben sie
vielmehr den unseres Erachtens gelungenen Versuch gemacht,
durch das Bewusstmachen des damals Trennenden dem Sich-
heute-Finden den Weg zu bahnen.

Vergangenheit kann man nie ungeschehen machen. Auch die
christliche Kirche kann das nicht. Sie soll sich aber ihrer Vergangenheit erinnern, auch der Schwierigkeiten dieser Vergangenheit, um aus diesem Wissen den Ansporn zu empfangen, es in
Zukunft anders, besser zu machen.

Beides wäre falsch, unsere reformatorischen Väter zu verherr-
lichen oder zu verleugnen. Sie haben – wie wir alle auch – in aller

menschlichen Schwachheit Gott zu dienen versucht durch die Verwirklichung ihrer Glaubensüberzeugung in den Belangen des alltäglichen Lebens. Es wäre zu wünschen, dass unsere Schüler durch die Behandlung der Reformationsgeschichte in ihrem Religionsunterricht zur Erkenntnis kommen, dass wir als Christen allem Trennenden zum Trotz in Christus das uns Verbindende suchen müssen und dass Ulrich Zwinglis aufrüttelndes Wort auch heute noch gilt für alle Christen jeglicher konfessionellen Zugehörigkeit: Tut um Gottes Willen etwas Tapferes!
(1977)   *Pfr. Hans Rudolf Schibli*
Kirchenratspräsident

Vorwort zur 2. Auflage

Wir benötigen Kenntnisse über die Vergangenheit, um uns in unserer Gegenwart selbst zu verstehen und um jenes Stücklein Zukunft zu gestalten, welches in unserer Verantwortung steht. Diesem Ziel möchte die ‹Kleine St.Galler Reformationsgeschichte› dienen. Die freundliche Aufnahme, welche die erste Auflage dieser Schrift in der Öffentlichkeit fand, und die Tatsache, dass dieses Büchlein weiterhin eine Lücke ausfüllt, haben den Kirchenrat der evangelisch-reformierten Kirche des Kantons St.Gallen dazu bewogen, mit Freude eine zweite Auflage hinausgehen zu lassen. Diese Darstellung der St.Galler Reformationsgeschichte regt dazu an, über die heutige Kirche nachzudenken, zeigt sie doch auf, dass viele kirchliche Probleme, die wir heute als aktuell empfinden, bereits in der Reformationszeit auftauchten. Dies gilt vor allem für die Fragen nach ‹der wahren Kirche›. Heute machen sich Zeichen der Verdrossenheit über die Volkskirche ganz links und ganz rechts des kirchlichen Spektrums bemerkbar. Da die Kirche nicht mehr auf einen einigenden Schiedsspruch staatlicher Organe hoffen kann, ist sie nach neuen Formen des innerkirchlichen Umgangs gefragt. Hier gilt es, vom evangelisch-reformierten Erbe zu lernen.   *Pfr. Luciano Kuster*
Juli 1987   *Kirchenratspräsident*

Erstes Kapitel

Die politische und wirtschaftliche Lage

Überblick

Um das Jahr 1500 existierte der Kanton St.Gallen noch nicht. Da war die *Abtei St.Gallen* mit ihren Untertanengebieten Fürstenland und Toggenburg. Und es gab die *Stadt St.Gallen.* Ursprünglich hatte sie zur Abtei gehört. Im Lauf der Zeit hatte sie sich aber zu einem selbständigen Staatswesen entwickelt. Ähnlich verhielt es sich mit *Appenzell,* das als vollberechtigtes Mitglied zu den *Dreizehn Orten* der *Alten Eidgenossenschaft* gehörte. Abtei und Stadt St.Gallen waren mit dieser lediglich als *Zugewandte Orte* verbunden. (Genau gesagt: beide St.Gallen waren mit Zürich, Glarus, Luzern und Schwyz verbündet, die Stadt zusätzlich noch mit Bern und Zug.) Die übrigen Gebiete waren entweder *Gemeine Herrschaften* mehrerer oder *Vogteien* einzelner eidgenössischen Orte (Genaueres im zehnten Kapitel). Die verschiedenen Herrschaftsverhältnisse erklären, weshalb die Reformation in und um St.Gallen nicht einheitlich verlief. Je nach der politischen Zugehörigkeit wurden einzelne Gebiete evangelisch, andere blieben katholisch.

Die Beziehungen zwischen Abtei und Stadt

Bestimmend für den Gang der Reformation wurde vor allem die Tatsache, dass es *zwei St.Gallen* gab: *Abtei und Stadt.* Die beiden an und für sich selbständigen politischen Gemeinschaften waren in räumlicher Hinsicht eigenartig miteinander verquickt. Das Kloster war von der Stadt umschlossen und diese wiederum vom Fürstenland, d. h. vom Untertanengebiet des Ab-

Abt mit Spielbrett und Würfeln aus der handschriftlichen ‹Grossen Äbtechronik› von Vadian. Man vermutet, dass Vadian diese Randzeichnung selber gemalt habe. (Vad. Ms. 43.)

tes. Diese Verzahnung zweier ungleicher und auf engem Raum nebeneinanderlebender Staatswesen führte zu *Konflikten.* Trotz der Einsicht, dass man aufeinander angewiesen war, kam es in den Jahrzehnten vor der Reformation zu ernsthaften Auseinandersetzungen. Man stritt um die Benützung der Wiesen vor der Stadt, um die Bestellung der Stadtpfarrer, um den Einfluss auf die st.gallische Landschaft. Höhepunkt dieser Auseinandersetzungen war der *Rorschacher Klosterbruch* im Jahr 1489. Der Abt fühlte sich als Gefangener der Stadt. Er wünschte ein eigenes Tor in der Stadtmauer. Als ihm dies versagt wurde, plante er die Verlegung seines Sitzes nach Rorschach. Die aufgebrachten Stadtbürger zerstörten zusammen mit Fürstenländern und Appenzellern den Klosterneubau. Die Eidgenossen schritten gegen die Stadt ein, was zu einem erheblichen Machtzuwachs der Eidgenossenschaft in der Ostschweiz führte.

Trotzdem wäre es falsch, anzunehmen, Stadt und Abtei hätten ununterbrochen miteinander gestritten. Es gab auch Zeiten, in denen die *notgedrungene Lebensgemeinschaft* der beiden Gemeinwesen recht gut funktionierte. Es kam vor, dass der Abt den Zünften ‹vasnachthennen› und Wildbret stiftete. Ja es gab Äbte, die sich in den Trinkstuben der Stadt blicken liessen und ein Karten- oder Würfelspiel mit den Bürgern wagten. Umgekehrt besuchten die Bürger mit Vorliebe die Messe im Münster, wie die Klosterkirche damals hiess. Sie betrachteten das Münster als Hauptkirche auch der Stadt. Ihre finanziellen Beiträge zu seinem Bau und seiner Ausstattung waren erheblich.

Die Verhältnisse in der Stadt

Ursprünglich hatte die Stadt dem Kloster gehört. In jahrhundertelangem Kampf löste sie sich allmählich von der Herrschaft des Abtes. Seit der Mitte des fünfzehnten Jahrhunderts war sie eine *selbständige Stadtrepublik,* eine sogenannte freie Reichsstadt. (Noch im Jahr 1508 nannte sich die Stadt ‹des hailigen

Richs Statt zuo Sanntgallen›.) Innerhalb der Stadt spielten die *Zünfte* – vor allem die grosse Weberzunft – eine wichtige Rolle, auch in politischer Hinsicht. Die Behörden der Stadt – die sogenannte ‹oberkeit› – bestanden aus drei Körperschaften:

1. Die *drei ‹Stadthäupter›:* Bürgermeister, Altbürgermeister und Reichsvogt. Der Bürgermeister wurde auf Vorschlag der Zünfte jährlich vor Weihnachten von der Gesamtgemeinde auf ein Jahr gewählt. Im Jahr darauf wurde er Altbürgermeister, d. h. Stellvertreter des Bürgermeisters. Im dritten Jahr wählte man ihn in der Regel als Reichsvogt, d. h. als Vorsitzenden des sich zum Hochgericht versammelnden Grossen Rates. Dieser dreijährige Ämterwechsel wiederholte sich häufig. Dieselben drei Männer standen dann über viele Jahre oder Jahrzehnte an der Spitze des Staates. So war es z. B. bei Vadian (Näheres zu seiner Person im vierten Kapitel).

2. Der *Kleine Rat.* Er war eine Art geschäftsführende Kommission und setzte sich in den entscheidenden Jahren der Reformation aus neun Zunftvertretern (sechs Zunftmeistern und drei Altzunftmeistern), neun Ratsherren meist vornehmer kaufmännischer Herkunft und den drei ‹Stadthäuptern› zusammen. Er hatte also einundzwanzig Mitglieder. Im Jahr 1529 wurde er auf vierundzwanzig Mitglieder erweitert.

3. Der *Grosse Rat.* Von ihm gingen wichtige souveräne Entscheidungen aus. Er wählte Beamte und Geistliche und erliess die Gesetze, in der Reformationszeit die Reformationsmandate. Der Grosse Rat setzte sich aus den sechs ‹Elfern›, d. h. je elf Vertretern der sechs Zünfte, und den Mitgliedern des Kleinen Rates zusammen, bestand somit aus siebenundachtzig (ab 1529 neunzig) Personen.

Die drei Körperschaften standen also nicht nebeneinander. Sie bildeten ineinanderliegende Kreise. Auch waren gesetzgebende, gesetzesausführende und richterliche Befugnisse nicht voneinander getrennt.

Die Stadt St. Gallen (vgl. die Abbildung Seite 17) hatte um die viertausend Einwohner. Ausserhalb der Stadtmauer besass sie bis zu den vier Grenzkreuzen nur einige hundert Meter Wiesland. Die politische Bedeutung der Stadt war dementsprechend bescheiden. Um so grösser war ihre *wirtschaftliche Macht.* In dieser Hinsicht übertraf sie alle übrigen Städte in der Ostschweiz und im Bodenseeraum. Das *Leinwandgewerbe* stand in voller Blüte. Auf allen alten Stadtbildern sehen wir, wie die neue Leinwand zum Bleichen auf den Wiesen ausgebreitet wurde. Die Leinwand war von hervorragender Qualität und fand Abnehmer selbst im fernen Spanien und Polen. Laut Vadian gab es kaum eine andere Stadt, in der die Bürger mehr Fremdsprachen beherrschten. Er nennt ‹Spanisch, Französisch, Lombardisch, Ungarisch, Böhmisch, Polnisch›.

Die Verhältnisse im Klosterstaat

Auch die *Abtei St. Gallen* entwickelte sich zum Staat. Die Äbte des Benediktinerklosters waren seit langer Zeit nicht nur geistliche Vorsteher der Mönche, sondern auch weltliche Herren über die umliegende Landschaft von Wil bis Rorschach. Diese ‹Alte Landschaft› war zunächst ein uneinheitliches, loses, von verschiedenen eigenen und fremden Rechten durchsetztes feudales Untertanengebiet. In der zweiten Hälfte des fünfzehnten Jahrhunderts gelang es dem tüchtigen und energischen Abt Ulrich Rösch, die ‹Alte Landschaft› zum Fürstenland, zu einem rechtlich vereinheitlichten, durchgehenden und nach denselben Grundsätzen verwalteten *Flächenstaat,* umzuwandeln. Eine solche Entwicklung lag im Spätmittelalter im Zug der Zeit.

Dem *Fürstenland* gliederte Abt Ulrich im Jahr 1468 das *Toggenburg* an, und auch im unteren Rheintal besass das Kloster gewisse Rechte. Fortan liessen sich die St.Galler Äbte *Fürstabt* nennen. Ihre vergrösserte Macht zeigte sich vor allem darin, dass sie nun über das ganze Gebiet die niedere Gerichtsbarkeit (für kleinere Frevel) und die hohe Gerichtsbarkeit (oder Blutgericht

für schwere Vergehen, auf die meist die Todesstrafe stand) ausübten. Das Steuerwesen wurde vereinheitlicht und wirksamer
gestaltet, worauf die Einkünfte auf ein Mehrfaches stiegen. Vadian bemerkt dazu in seiner Äbtechronik, Abt Ulrich habe aus
dem ‹gotzhus ain gitzhus› gemacht.

Die Macht der st. gallischen Äbte war aber nicht unbeschränkt.
Seit 1479 hatten sich die vier eidgenössischen Verbündeten (Zürich, Glarus, Luzern und Schwyz) als *Schirmorte* eine Mit- oder
sogar Oberhoheit über den Staat der Fürstäbte gesichert. Im
Wechsel stellten sie den sogenannten Schirmhauptmann. Wir
können von einer *eidgenössischen Schutzherrschaft* über den
Klosterstaat sprechen.

Die Einwohner dieses Staates, die *Gotteshausleute,* waren im
allgemeinen in der Landwirtschaft tätig. Nebenbei arbeiteten sie
im Auftrag von Stadtbürgern oft noch als Weber. Fast ohne Ausnahme hatten sie keine Schulbildung. Die meisten galten als
Leibeigene, d. h. sie gehörten dem Abt mitsamt Gut und Boden,
auch wenn dieser Grundsatz nicht mehr buchstäblich gehand-
habt wurde. Die erwähnte Steuerreform, wiederholte Missern-
ten um das Jahr 1500 und Geldentwertung drückten das Volk.
Kurz vor der Reformation scheint sich seine Lage etwas verbes-
sert zu haben. Das alte Wort ‹Unter dem Krummstab ist gut leben› hatte seine Berechtigung aber weitgehend verloren.

Zusammenfassung

Stadt und Abtei St. Gallen waren also innerlich und äusserlich
sehr unähnlich, häufig zerstritten und uneins. Und doch lebte
man im Alltag meist ganz leidlich nebeneinander und sogar miteinander. Die räumliche Nähe machte es unumgänglich. Es er-
gaben sich eine ganze Reihe von *Verflechtungen zwischen Stadt
und Abtei.* Da sie oft das religiöse Gebiet berührten, erwiesen sie
sich in der Reformationszeit als neuer Konfliktstoff. Besonders
verwickelt waren die Verhältnisse am Münster.

Zweites Kapitel

Kirche und Frömmigkeit um das Jahr 1500

Zur kirchlichen Organisation

Kirchenrechtlich gehörten Abtei und Stadt St.Gallen zum *Bistum Konstanz*. Der Bischof von Konstanz residierte in Gottlieben am Untersee. Sein Bistum war das grösste im deutschen Reich. Neben weiten Teilen Süddeutschlands umfasste es in der Schweiz das gesamte Gebiet östlich der Aare bis zum Alpenkamm, ausgenommen das Bistum Chur. (Dieses erstreckte sich in seinen nördlichen Ausläufern bis nach Schänis und Montlingen. Die Kirche von Wildhaus gehörte als Tochterkirche von Gams als einzige Toggenburger Kirche zum Bistum Chur.) Die weite Ausdehnung des Bistums Konstanz brachte es mit sich, dass es für den Bischof schwierig, wenn nicht sogar unmöglich war, den Überblick zu behalten und seine Macht wirklich auszuüben. Gerade am Vorabend der Reformation ist es ergreifend zu sehen, wie der damalige Bischof verschiedene, längst notwendige Reformen durchführen wollte. Er scheiterte aber an der Trägheit und am Widerstand örtlicher Amtsträger, u.a. des st. gallischen Abtes, und an der mangelnden Folgerichtigkeit seiner Versuche.

Mindestens in seinem Fürstentum, teilweise aber auch in der Stadt war *der Abt die viel wichtigere religiöse Autorität als der Bischof.* Im Klosterstaat (und in der St.Mangen-Kirche) wurden die Geistlichen vom Abt in ihre Pfründen (d.h. Pfarrstellen, zu denen gewisse Einkünfte gehörten) eingesetzt. Ihre religiöse Vollmacht erhielten sie formell noch vom Bischof.

Daneben gab es in St.Gallen wie anderswo schon vor der Reformation einen starken *Zug zum Staatskirchentum.* Die Behör-

den der Stadt St.Gallen hatten im Kirchenwesen ihrer eigenen
Stadt viel mitzureden. Wie schon erwähnt, wählte der Grosse
Rat die Geistlichen von St.Laurenzen, das die eigentliche Stadt-
kirche war, und führte die Aufsicht über diese Pfarrei.

Missstände

Auch katholische Geschichtsschreiber leugnen heute nicht,
dass in der vorreformatorischen Kirche vieles nicht in Ordnung
war. Der frühere Bischof von St.Gallen, Aloisius Scheiwiler,
schreibt in seinem im Jahr 1937 erschienenen Buch ‹Das Kloster
St.Gallen›, die theologische Ausbildung der Pfarrer im Bistum
Konstanz sei höchst mangelhaft gewesen, und auch moralisch
hätten viele von ihnen auf einer tiefen Stufe gestanden. Das
(vom Kirchenrecht verbotene) Degentragen war bei Priestern
allgemein üblich, wobei manche von ihnen (wie wir aus Ge-
richtsprotokollen wissen) ihren Degen bei Raufhändeln ge-
brauchten. Vor allem aber beklagt Scheiwiler, es sei ‹fast für
selbstverständlich› gehalten worden, dass Priester die Zölibats-
verpflichtung verletzten. Ein gutes Beispiel ist Pfarrer Ulrich
Haugger in Marbach. Von seinem leiblichen Sohn, der selbst
Priester geworden war, liess er sich im Jahr 1514, ein Jahr vor seinem Tod, in seiner Amtstätigkeit vertreten. Und sogar Abt Ulrich
Rösch hatte zwei Söhne, für die er väterlich sorgte! Selbstverständlich gab es auch vor der Reformation Pfarrer, denen nichts
vorgeworfen werden konnte. Eine der vorbildlichsten Gestalten
unter der st.gallischen Pfarrerschaft im Spätmittelalter scheint
Magister Bartholomäus Zidler gewesen zu sein, der in den Jahren
1487–1515 Pfarrer in Rheineck-Thal war. Er gilt als Freund der
Armen, Kranken und Bedrückten. Unter anderem gründete er
eine Herberge für herumreisende Bettler.
Zu schweren Missbräuchen konnte die Tatsache führen, dass
die Pfarrer die *Pfründen* oft nur *gegen Geld* bekamen. Zwingli
(vgl. das dritte Kapitel), zum Leutpriester von Glarus gewählt,

St.Gallen. Ansicht von Westen, nach Heinrich Vogtherr, 1545, in Fechters Abschrift der ‹Äbtechronik› (Original im Stadtarchiv [Vadiana] St.Gallen, Band 677a.)

Der Pfründensucher. Holzschnitt von Hans Frank. 1516.

musste seinem Vorgänger über hundert Gulden für die Stelle geben, was ungefähr dem doppelten Jahresgehalt eines Lehrers an einer Lateinschule entsprach. Von den Pfarrern in Marbach ist bekannt, dass sie im ersten Jahr ihrer Amtstätigkeit jeweils achtzig Gulden an den Bischof von Konstanz abzuliefern hatten. Diese Auslagen mussten von den Kirchgenossen wieder eingetrieben werden. Es kam vor, dass ein Priester mehr als eine Pfründe kaufte. Oft genannt wird das Beispiel eines Onkels Vadians: Antonius Thalmann. Er wurde im Jahr 1486 Pfarrer von Wattwil. Lange bevor er zum Priester geweiht war, besass er auch noch die Pfründen von Berneck, Henau und Jonschwil und eine Chorherrenstelle in Bischofszell. Selbstverständlich war es Thalmann unmöglich, sich persönlich um seine Ämter zu kümmern. Er bezog zwar die Einkünfte. Die Arbeit verrichteten von ihm eingestellte, schlecht besoldete Vikare. Thalmann war eine echte Renaissancegestalt. Seinen Sohn nannte er Achilles! (Dieser studierte in Wittenberg, übernahm von seinem Vater die Pfründe von Jonschwil und wurde der erste Dekan der reformierten Toggenburger Synode.)

Es erstaunt deshalb nicht, dass das Volk nur dürftige und oft halbwahre Einsichten in den christlichen Glauben hatte oder gar im Aberglauben befangen war. *Religionsunterricht* war weitgehend *unbekannt.* In der Messe und bei der Beichte sprach der Priester in unverständlichem Latein. Johannes Kessler (vgl. das fünfte Kapitel) bemerkt in seiner ‹Sabbata›: ‹Obglich hie (bei der Beichte) etwas von der gnad und erbärmd Gottes gemurblet ward, geschachend doch die wort in latinischer sprach, dadurch der betrübte bichtende kainen trost empfachen mocht.›

Die vergeblichen Reformversuche des Bischofs von Konstanz wurden erwähnt. Unter anderen weigerte sich gerade der Abt von St. Gallen, die Reformen in seinem Einflussbereich durchzuführen. Das in religiöser und kultureller Hinsicht einst führende Kloster St. Gallen hatte bereits im Hochmittelalter einen tiefen Zerfall erlitten und sich den damaligen Reformbemühungen verschlossen. In neuester Zeit hatte das Kloster einen gewichtigen politischen Aufschwung erlebt. Aber dieser ging nicht Hand in Hand mit einer ebenso starken geistig-religiösen Erneuerung. Es gab zwar eine Reihe von tüchtigen Mönchen. Vadian selbst nennt den Abt der Reformationszeit, Franz Gaisberg, einen ‹gar stillen und züchtigen mann›. Aber die Zahl der Mönche war im Vergleich zu jener in der Blütezeit des Klosters im Frühmittelalter gering. Das Kloster war zur Reformationszeit nicht in der Lage, alle Priester und den Prediger für das Münster selber zu stellen. Es zog dazu Weltgeistliche und Ordensleute von auswärts bei, die in der Regel nicht im Kloster, sondern auf Stadtboden wohnten. Auch war das Kloster nicht mehr der Kulturmittelpunkt, der es einst gewesen war. Die innere Klosterschule war zwar in bescheidenem Umfang immer noch in Betrieb. Die frühere hochberühmte äussere Klosterschule wurde jetzt aber unter dem Namen Lateinschule (als Vorläufer des späteren Gymnasiums) von der Stadt geführt. Nach dem Urteil Vadians wurde nicht nur die Bildung der Mönche vernachlässigt, sondern auch die Zucht. ‹Die sorg der zucht und des studierens was in den winkel gestelt.› Anderswo bemerkt er in seiner Äbtechronik, ‹dass… die mönch weit über die schnur gehouwen habend›. Die beiden st.gallischen Reformatoren Vadian und Kessler sahen vor allem im *Reichtum eine Quelle der Verderbnis des Klosters.* ‹Gegen ain hübsche summa geltz› dispensierte Rom die St.Galler Mönche von gewissen Fastenregeln. Vadian kritisiert die luxuriösen Messgewänder und den prunkvollen Thron des Abtes.

Volksfrömmigkeit

Trotz der geschilderten Verweltlichungserscheinungen war *das Spätmittelalter eine tiefreligiöse Zeit.* Nicht nur das unverdorbene Kirchenvolk, sondern auch die lebenslustigsten und verweltlichtsten Laien, Priester und Mönche hatten eine fromme Seite oder durchlebten doch wenigstens fromme Momente.

Auch wenn diese Frömmigkeit oft äusserlich und mechanisch erscheint, wäre es ungerecht, ihr jeden Ernst und jede Tiefe abzusprechen. In den *Frauenklöstern der Stadt St. Gallen,* in St. Katharina und St. Leonhard, blühte eine *innige, echte, an der Mystik orientierte Religiosität.* Es spricht für das Niveau der Nonnen zu St. Katharina, dass sie im Jahr 1484 hundertachtundfünfzig lateinische und dreiundvierzig deutsche Bücher besassen, dazu fünfundsechzig Gebetbücher. Die Nonnen verfassten teilweise selber mystische Schriften. Diese Frauenklöster wurden zum Hort des religiösen Widerstandes gegen die Reformation (vgl. das achte Kapitel).

Am Ende des Jahres 1525, also in den Anfangsjahren der Reformation, zählte die kleine Stadt St. Gallen fünfundzwanzig Geistliche und neben den drei grossen Kirchen, dem Münster, St. Laurenzen und St. Mangen, noch eine ganze Reihe weiterer Kirchlein und Kapellen, davon zwanzig allein im Klosterbezirk. Die Kirche hatte also eine unübersehbar wichtige Stellung, der aber auch ein *tiefes religiöses Bedürfnis der St. Galler Bevölkerung* entsprach. Das Kloster St. Gallen wurde überschüttet mit Geld- und Naturalienspenden. Nach Vadian wurde ein grosser Teil der Altargemälde, der baulichen Verschönerungen des Münsters und der ‹Zierden› (Kirchenschatz) von frommen St. Galler Familien gestiftet.

Sehr verbreitet waren sogenannte *Gebetsbruderschaften,* d. h. Vereinigungen von Angehörigen bestimmter Berufsgruppen oder Stände zum gemeinsamen Gebet. So schlossen sich im Jahr 1407 in Uznach die fahrenden Musiker, Geiger und Pfeifer zur Heilig-Kreuz-Bruderschaft zusammen. Gleich nannte sich eine Vereinigung der Walenseeschiffer, die im Jahr 1484 gegründet wurde. Sie setzte sich vor allem zum Ziel, für die im Walensee Ertrunkenen zu beten.

Zur Fastenzeit hing das grosse ‹Hungertuch› im Chorbogen des Münsters. Mit dem Fasten nahm es die Bevölkerung sehr ernst. Nicht umsonst ist die Wendung ‹am Hungertuch nagen›

noch heute geläufig. *Höhepunkte des kirchlichen Lebens* bilde-
ten die grossen Prozessionen. Barfuss gingen die St.Galler am
Markustag (25. April) durch den kühlen Frühlingsmorgen zur
St.Mangen-Kirche. In der Bittwoche vor Auffahrt zogen drei
Prozessionen mit Kreuz und Fahnen durch die Stadttore: eine
nach St.Fiden und zur Kapelle der heiligen Maria Magdalena im
Linsebühl, die zweite nach der St.Jakobs-Kirche und nach der
Kapelle St.Peter und Paul, die dritte nach St.Georgen und durch
das Tal der Demut, wo man das Kreuz in den Weiher tauchte.
Noch stattlicher waren die Prozessionen am Kreuztag (3. Mai)
und an Fronleichnam.

Ein schönes Beispiel für die religiösen Bedürfnisse und den *religiösen Opfersinn* der Stadtbevölkerung war die Einrichtung
des täglichen Frühamtes und des jeden Nachmittag um zwei Uhr
stattfindenden Fürbittegottesdienstes für die Verstorbenen im
Münster im Jahr 1476. Um diese Gottesdienste zu ermöglichen,
brachten die Bürger der Stadt das ansehnliche Kapital von viertausend Gulden zusammen.

Aus der Sicht der Reformatoren war diese keine Opfer scheu-
ende Frömmigkeit nicht unproblematisch. Offiziell – in ihren
theologischen Lehrbüchern – wusste auch die katholische Kirche
des Mittelalters, dass der Mensch auf die Gnade Gottes angewiesen ist, wenn er das Seelenheil erlangen will. In ihrer religiösen Halb- oder gar Unbildung hofften aber viele Menschen, sich
selbst und ihren verstorbenen Angehörigen mit Stiftungen, Gebeten, Prozessionen, mit ‹guten Werken› also, einen Platz im
Himmel zu sichern. Georg Thürer erwähnt in seiner St.Galler Geschichte ‹die letzte aus dem Geschlechte derer von Altstätten,
Frau Küngolt Thummin›. Sie ‹stiftete 1470 auf den St.Seba-
stians-Altar der Altstätter Pfarrkirche ‚ein Ewig, yemer werend,
unzergengklich Mess', d. h. zu ihrer und ihrer ganzen Familie und
aller gläubigen Seelen Heil wöchentlich vier Messen, weil ja nach
den Weisungen der Gelehrten ‚der Schatz des ewigen Rychs mit
gutten Wercken zu kouffen und zuo erwerben' sei. Diese galt es
beizeiten zu leisten, da hienieden ‚in dieser zergengklichait'
nichts Gewisseres sei als der Tod und ‚nütz ungewüsser dann

...ronleichnamsprozession. Ausschnitt aus einer Handschrift, die im Auftrag des St.Galler Abtes Diethelm Blarer (1530–1564) hergestellt wurde. Ein seltenes Beispiel für das katholische
Brauchtum im Reformationsjahrhundert. (Original in der Stiftsbibliothek St.Gallen, Cod. 542.)

Stifterfiguren. Ausschnitt aus dem unten beschriebenen Wandbild.

Schutzmantelmadonna mit links knienden Stiftern. Wandmalerei in der Kirche St.Georg in Rhäzüns (um 1350). Dieses Bild gewährt uns Einblick in die spätmittelalterliche Frömmigkeit. Rhäzüns war eine Zeitlang politisch mit Werdenberg und Sargans verbunden. (Aufnahmen: Volker Morf.)

die Stund des Tods'.› Dieses Zeugnis beeindruckt durch seine unverkennbar echte Religiosität. Die fast gleichlautende Wendung ‹Sidmals und ich nun besinnet und betrachtet hab, nichts gewissers, denn die Bitterkeit des Todes und nichts ungewissers, denn die Stund des Todes...› finden wir auch in einer Stiftungsurkunde aus dem Jahr 1500 im Gaster. Dass Leute wie Frau Thummin offenbar der Meinung waren, sie könnten mit ‹guten Werken› den Himmel ‹kaufen›, erregte aber Anstoss bei den Reformatoren.

Neue Tendenzen

Für den späteren Gang der Reformation ist nicht nur der Zug zum Staatskirchentum in der damaligen St.Galler Kirche wichtig. Von grosser Bedeutung war auch das *neue Interesse an den Kirchenvätern* (d.h. an den christlichen Schriftstellern des Altertums) *und an der Bibel* bei den Gebildeten. Im Zusammenhang mit der Renaissance und dem Humanismus hatte man sich ganz neu dem Altertum zugewandt. Auch die christlichen Schriftsteller der Antike und folglich ebenso die Bibel wurden neu herausgegeben. Die erst entstandene *Buchdruckerkunst* bot neue Möglichkeiten der Vervielfältigung des geschriebenen Wortes. Der Humanist Erasmus von Rotterdam gab im Jahr 1514 das griechische Neue Testament heraus (vgl. das dritte Kapitel), der spanische Kardinal Ximenes in den Jahren 1514–1517 die ganze Bibel auf Hebräisch, Aramäisch und Griechisch. Aber auch die *ersten deutschen Bibelausgaben* erschienen in den Jahrzehnten vor der Reformation im Druck. Selbst wenn sie sich qualitativ nicht mit den reformatorischen Bibelübersetzungen messen können, bezeugen sie doch eine neue Haltung, ohne die die Reformation nicht denkbar wäre. Von den *achtzehn deutschen Vollbibeln, die vor den durch Martin Luther besorgten im Druck erschienen,* besitzt die St.Galler Stiftsbibliothek (d.h. die Bibliothek des damaligen Klosters) sieben.

Drittes Kapitel

Ulrich Zwingli von Wildhaus

Vorbemerkung

Während sich die übrigen Kapitel dieses Buches auf den Raum St.Gallen beziehen, greift dieses Kapitel in die allgemeine Schweizergeschichte aus. Dabei gibt es genügend Zwinglidarstellungen, die leicht zugänglich sind. Zur Rechtfertigung dieser Ausweitung seien zwei Gründe genannt: Einerseits *kann die St.Galler Reformation nicht ohne Berücksichtigung des Zürcher Reformators dargestellt und verstanden werden.* Die Beziehungen zwischen St.Gallen und Zürich waren eng. Anderseits gehört Zwingli durch seinen Geburts- und Heimatort selbst in die Ostschweiz. Die Behauptung dürfte nicht übertrieben sein, dass *kein anderer Mann aus dem Gebiet des heutigen Kantons St.Gallen weltgeschichtlich eine so weite Ausstrahlung erlangt hat* (bis nach England und Nordamerika), auch wenn man sich vor einem unkritischen Heldenkult wird hüten müssen.

Zwingli war ein grosser Mann. Doch er *hatte auch schwache Seiten und beging Fehler.* In religiöser Hinsicht wäre sein einseitiges Abendmahlsverständnis zu nennen, das von seinen Nachfolgern, Bullinger und – in Genf – Calvin, korrigiert werden musste. (Für eine Versöhnung zwischen Reformierten und Lutheranern war es jedoch zu spät.) Bedauerlich war, dass Zwingli den Kirchengesang und die Orgelmusik aus der Liturgie verbannte, obwohl er in seinem privaten Leben sehr musikalisch war. (Glücklicherweise waren die St.Galler in dieser Hinsicht keine konsequenten Zwinglianer!) Besonders zweideutig war aber Zwinglis Verhältnis zur Frage der Gewalt. Nach einer pazifistischen Phase in seiner Frühzeit schreckte er später nicht davor

ANNO AETATIS EIVS XLVIII.

Ulrich Zwingli. Holzschnitt von Hans Asper. 1539.

zurück, das von ihm als richtig Erkannte mit Gewalt durchzuset-
zen. Zu nennen wäre die Enthauptung des Ratsherrn Jakob Grebel im Jahr 1526 und die Ertränkung des Täuferführers Felix
Manz in der Limmat im Jahr 1527. Durch das Abenteuer der
Kappelerkriege (vgl. die beiden letzten Kapitel) hat Zwingli dem
Anliegen der Reformation geschadet. ‹Der Tod Zwinglis bei
Kappel war kein Märtyrertod... Es greift keiner ungestraft nach
dem göttlichen Richterschwert.› (Karl Barth in seinem Römer-
briefkommentar von 1919.)

Zwinglis Beziehungen zur Ostschweiz

Im Mittelpunkt steht die *Verbindung zwischen Zwingli und
Vadian*, dem St.Galler Bürgermeister und Reformator (vgl. das
vierte Kapitel). Beide hatten in Wien studiert. Ob sie sich zu ihrer
Studienzeit persönlich kennengelernt hatten, weiss man nicht. Der
älteste erhaltene Brief Zwinglis ‹an den Philosophen Joachim Vadian› stammt aus dem Jahre 1513. Vadian lebte damals noch in
Wien, während Zwingli Pfarrer in Glarus war. ‹Ferner bitte ich
Dich: nimm Dich so viel als möglich meines Bruders... an.› Das
scheint das Hauptanliegen des Briefes zu sein. Zwinglis jüngerer
Bruder Jakob war frischgebackener Student in Wien. Zwingli hoff-
te, sein älterer Landsmann werde sich väterlich um ihn kümmern.
Im selben Brief erzählt Zwingli, er habe sich hinter das Griechische
gemacht. Er bittet Vadian um Fachliteratur. ‹Ich habe mir nämlich
so fest Griechisch zu studieren vorgenommen, dass mich ausser
Gott sicher niemand davon abbringen kann. Es ist mir dabei nicht
um den Ruhm zu tun (denn nach dem zu streben, ist auf keinem
Wege ehrenhaft), sondern nur um die hochheiligen Schriften.›
Nach diesem für den inneren Werdegang des Zürcher Reformators aufschlussreichen Brief reisst die Beziehung zwischen den beiden Männern nicht mehr ab. Sie hat sich im Gegenteil nach der
Rückkehr Vadians in seine Heimatstadt vertieft. Man kann sagen,
dass Vadian Zwinglis ‹Hausarzt› war. Er beriet ihn bei seinen von

Zeit zu Zeit auftretenden gesundheitlichen Störungen. Umgekehrt
versah Zwingli Vadian gelegentlich mit Lesestoff. Ein im Jahr 1518
in Basel gedruckter Sammelband mit wichtigen Lutherschriften,
den Zwingli seinem ‹liebsten Freund› Vadian schenkte und in den
er mit eigener Hand eine Widmung schrieb, ist in der Zentralbibliothek in Zürich erhalten.

Auch sonst waren die *brieflichen Verbindungen zwischen
Zwingli und den während der Reformation in der Ostschweiz
führenden Männern* intensiv. Neben Vadian seien folgende
Briefpartner erwähnt: der Tuchscherer Hans Gebentinger aus
der Stadt St.Gallen; Abt Christian in Alt St.Johann, der ebenfalls
Lutherschriften las und von Luther sagte, er sei ‹ein Mensch, der
wahrhaft Christi Bild wiedergibt›; Markus Murer aus Wil; Pfarrer
Johannes Dörig, der sich zuerst in Herisau und ab 1522 in Hemberg für die Reformation einsetzte und als ‹Bahnbrecher der Re-
formation im Toggenburg› bezeichnet wird; Pfarrer Jakob
Schurtanner in Teufen; Pfarrer Blasius Forrer in Stein im Toggenburg; Stadtschreiber Heinrich Steiger aus Lichtensteig; Christoph Landenberger, Pfarrer in Oberbüren; Pfarrer Johannes
Schindler in Weesen und am gleichen Ort Pfarrer Gregor Bünzli.
Dieser war Zwinglis ehemaliger Lehrer an der Lateinschule in Basel und gehörte zu den treusten Freunden und Parteigängern des
Reformators. Auch Pfarrer Martin Mannhart in Flums wechselte
Briefe mit Zwingli. Allein diese (unvollständige) Liste von Brief-
partnern, zu denen selbstverständlich Zwinglis Verwandte
kommen, beweist, dass die Verbindung zwischen Zwingli und
dem Raum St.Gallen sehr eng war.

Zwinglis Entwicklung zum Reformator

Ulrich Zwingli wurde am 1.Januar 1484 in Wildhaus Lisighaus
geboren. Er stammte aus einer angesehenen Familie. Sein Vater
(wie schon sein Grossvater) war Gemeindeammann. Die Familie
hatte ungefähr zehn Kinder, weshalb zeitweise im heute noch

erhaltenen Zwinglihaus enge Verhältnisse geherrscht haben müssen. ‹Wenn die witzige Grossmutter im Schlafgemach der Buben zum Rechten sehen muss und sie ihr wegen der Enge des Bettraumes klagen, scherzt sie etwa: darein habe sich der Heiland mit seinen Jüngern allemal auch schicken müssen; der Petrus sei jeweils vornhin zu liegen gekommen, und dem Herrn habe man hinten an der Wand Platz gemacht; wenn dann die Hausfrau des Morgens zum Wecken kam, habe sie nur den Vorderen am Haar gezupft.› (Oskar Farner.) 1489–1494 empfing Zwingli seine erste Schulbildung bei seinem Onkel, Dekan Bartholomäus Zwingli, in Weesen. 1494–1498 besuchte er Lateinschulen in Basel und Bern. Im Herbst 1498 begann er mit dem Studium an der artistischen Fakultät (allgemeinbildende Abteilung) der Universität Wien, welches er im Frühling 1506 in Basel mit dem Magistergrad abschloss.

Zwingli begann darauf mit dem Studium der Theologie in Basel, obwohl dieses Studium in jener Zeit für den Beruf des Pfarrers nicht üblich war, sondern nur für wissenschaftlich und an höheren kirchlichen Ämtern Interessierte. Doch die damals herrschende akademische Theologie befriedigte Zwingli nicht. Bereits nach einem Semester wandte er sich der Praxis zu und wurde *1506–1516 Pfarrer und Lehrer in Glarus.* Zweimal zog er während dieser Zeit mit den Glarner Truppen als Feldprediger über die Alpen (1513 Novara, 1515 Marignano).

Der junge Zwingli scheint zunächst nicht besonders religiös gewesen zu sein. Als er in Basel studierte, besass er bereits eine Pfründe (vgl. das zweite Kapitel), die er jedoch vernachlässigte. In Glarus entwickelte er *zuerst politische Interessen.* Er kritisierte die Reisläuferei und vertrat die Meinung, die Eidgenossenschaft solle sich nicht in fremde Händel mischen. Aus diesem Grund überwarf er sich mit den vornehmen Glarner Familien, die von Pensionen (d. h. Vergütungen für die Vermittlung von Söldnern) lebten. Deshalb musste er Glarus im Jahr 1516 verlassen. Er wurde *Leutpriester* (d. h. vor allem Seelsorger für die Pilger) *am*

Schulunterricht. Holzschnitt von 1508.

Gelehrtendisputation. Holzschnitt von Hans Burgkmair (1473–1531).

Wallfahrtsort Einsiedeln. Seine vorübergehend ausgesprochen pazifistische Einstellung entwickelte sich in diesen Jahren.

Allmählich bahnte sich aber in der Glarner Zeit etwas Neues an. Bereits aus dem vorher zitierten Brief an Vadian aus dem Jahr 1513 geht hervor, dass *er sich für die Bibel zu interessieren begann.* Ausdrücklich um die Bibel gründlicher studieren zu können, widmete er sich dem Selbststudium der griechischen Sprache. Im Jahr 1516 lernte er den damals in Basel wirkenden Humanisten *Erasmus von Rotterdam* persönlich kennen, den grössten Gelehrten der damaligen Zeit. Erasmus schloss sich zwar später der Reformation nicht an. Trotzdem kann seine Bedeutung für die werdende Reformation kaum überschätzt werden. Durch seine Kirchenväterausgaben und besonders durch seine Ausgabe des griechischen Neuen Testamentes wies er seine Zeitgenossen hin auf die Urquellen des christlichen Glaubens. Im Mittelpunkt seiner Frömmigkeit stand ein humanes Jesusbild, das Vorbildcharakter hatte. Zwingli war stark von Erasmus beeindruckt. ‹Ohne Schmeichelei, Du bist mir der Geliebte, und wenn ich nicht mit ihm geplaudert habe, so finde ich den Schlaf nicht… Ja, ich glaube, ein grosses Plus gewonnen zu haben, da ich mich dessen wie keiner anderen Sache rühme: ich habe den Erasmus gesehen, den um die Wissenschaft und die Geheimnisse der heiligen Schrift verdientesten Mann, den Mann…, für den alle ernstlich beten sollen, dass ihn der höchste und beste Gott gesund erhalte…› Diese Sätze aus einem Brief Zwinglis an Erasmus klingen überschwenglich. Sie zeugen von seiner Begeisterungsfähigkeit und Freude an der neuen Bekanntschaft.

In Einsiedeln hatte Zwingli mehr freie Zeit als in Glarus. Er benützte sie zum Weiterstudium. Dass seine Begeisterung nicht einfach ein Strohfeuer war, geht aus folgendem hervor: Zwingli entlieh sich ein Exemplar der von Erasmus besorgten Ausgabe des Neuen Testamentes und schrieb daraus die paulinischen Briefe ab. Er lernte sie sogar auswendig und versah sie mit zahlreichen Randbemerkungen. *Zwingli, der sich ein griechisches*

Der *Anfang des Galaterbriefes* in Ulrich Zwinglis eigenhändiger Abschrift. (Der Anfangsbuchstabe fehlt.) (Original in der Zentralbibliothek Zürich, RP 15, f. z4v)

Neues Testament aus finanziellen Gründen in jenen Jahren nicht leisten kann, schreibt die Paulusbriefe eigenhändig ab und lernt sie auswendig! Diese Szene beleuchtet, was in der Reformationszeit in vielen Menschen vor sich ging. Die Bibel wurde mit einer Entdeckerfreude studiert, wie wenn sie eben jetzt neu entstanden wäre. Im Zentrum stand dabei die *Wiederentdeckung des Paulus.*

In späteren Jahren betonte Zwingli gern seine geistige Unabhängigkeit von Luther (auf den wir im Rahmen dieser Schrift nicht eigens eingehen können). Zwingli hat damit insofern recht, als die bis jetzt dargestellte Entwicklung hin zur Beschäftigung mit den Paulusbriefen tatsächlich unbeeinflusst von Luther in Gang gekommen war. Trotzdem darf der *Einfluss Luthers auf Zwingli* nicht unterschätzt werden. Bereits wurde erzählt, dass Zwingli seinem Freund Vadian einen Band mit Lutherschriften schenkte. Aus dem Briefwechsel Zwinglis mit seinen Freunden um das Jahr 1520 geht hervor, dass er Luthers Schriften nicht nur las, sondern dass er den Wittenberger Reformator auch hochschätzte. Er konnte ärgerlich reagieren, wenn einer seiner Briefpartner kritische Fragen an Luther stellte. Im folgenden sei ein Brief nicht Zwinglis selbst, aber eines süddeutschen Zwinglifreundes ziemlich ausführlich zitiert. Aus ihm geht hervor, was Luther in religiöser Beziehung für viele damals lebende Christen bedeutete. Ohne Zweifel empfand Zwingli selbst (und selbstverständlich auch die St. Galler Reformatoren) sehr ähnlich.

‹Ich fürchte, dass Du (d. h. Zwingli) deshalb ärgerlich bist, weil nicht alles an Luther mir gefällt. Du wirst Dich aber nicht mehr ärgern, wenn Du alles nicht mit der Waage der Leidenschaft, sondern der Wahrheit wägst. Es ist an Gelehrten eine Art Schattenseite, dass sie einseitig, mehr als gut ist, ihrer Neigung nachgehen. Ich bewundere Luther aufrichtig und achte ihn; ich habe von ihm gelernt, alle guten Gaben Gott als dem alleinigen Urheber zuzuschreiben. Es schmeichelte mir bisher, wenn irgendwie ein ausgereiftes Werk von mir ausging, wenn ich über den

Durchschnitt fromm gewesen war, wenn ich durch irgend ein gutes Werk, eine Wohltat, einen Rat mir jemand verpflichtete; ich hoffte, Anspruch auf einen Ehrenplatz im Himmel erworben zu haben; es ekelte mich, musste ich irgendwie Lässigkeit im Streben nach Höherem annehmen. Der Irrtum dieser Hoffnung log mir Sicherheit vor und gab mir gleichsam eine Missgeburt anstelle eines lebenskräftigen und gesunden Kindes. Nachdem ich aus diesem Irrtum dank Luthers glücklichen Lehren herausgerissen wurde, achte ich mich nur als ein Instrument, durch das Gott ein gutes Werk in mir tut, bei dem auf mein Konto nur die Arbeit kommt. Ich Glücklicher…, der ich am Ende des Lebens das lernen durfte!›

Es lohnt sich, diese Briefstelle sorgfältig zu lesen. Der Verfasser ist Luther gegenüber keineswegs unkritisch. Er schreibt, dass Luther wie jeder Mensch auch eine Schattenseite habe. Er bedauert Luthers Einseitigkeit. Trotzdem drückt er seine Bewunderung und Dankbarkeit gegenüber Luther aus. Er spricht von seinen ‹glücklichen Lehren›. Das Entscheidende, was er (genauso wie Zwingli und die St.Galler Reformatoren!) von Luther lernte, war die Erkenntnis, dass *die ‹guten Werke› nicht Bedingung zum Heil, sondern Früchte des Heils sind, welches uns in Christus geschenkt ist.* Zwinglis Freund beschreibt in seinem Brief eindrücklich, wie man dort, wo man auf die eigene Leistung baut, zwischen Hochmut über das eigene Gelingen und Ekel über das eigene Versagen hin- und hergerissen wird. Wo man aber gelernt hat, ganz auf die göttliche Gnade zu vertrauen, wird man gleichzeitig demütig und getrost. Man begreift sich als Werkzeug Gottes und erfährt in sich neue ethische Kräfte.

Auch Zwingli selbst konnte später sagen, ‹dass gott alle dinge würkt in uns und wir nüt sind weder handgeschirr (d. h. Werkzeuge), durch die gott würkt und ouch die handgeschirr selbs gemacht hat›. Oder: ‹Der gläubig thuot (die Werke) nit us siner Kraft, sunder gott würkt in jm die liebe, den ratschlag und das werk, so vil er thuot.› Für die damalige Zeit handelte es sich hier

Von erkiesen und

fryheit der spysen.

Von ergernus vñ

verbösetung.
Ob man gwalt hab die spysē zū
etlichen zyten verbieten/ mey=
nung Buldrichē Zuing
lis zū Zürich gepredi=
get jm.M.D.XXII.Jar.

Christus Mathei.XI.
Kūmend zū mir alle die arbeitend
vnd beladen sind/vnd ich
wil üch rūw machen.

Deß walt Got:

‹*Von erkiesen und fryheit der spysen.*› Titelblatt der ersten reformatorischen
Schrift Ulrich Zwinglis von 1522.

um ungewöhnliche Töne. In der spätmittelalterlichen Mystik hatte sich diese Erkenntnis zwar angebahnt. Die Volksfrömmigkeit (aber auch die Amtskirche) bewegte sich in anderen Bahnen (vgl. das zweite Kapitel). Immer mehr trat in der Entwicklung Zwinglis zum Reformator Christus in den Vordergrund. Und zwar war *Christus* nicht mehr wie bei Erasmus vor allem ethisches Vorbild, sondern *der Retter.* ‹Kumend zuo mir alle die arbeitend und beladen sind/und ich wil üch ruow machen.› Dieses Christuswort setzte Zwingli auf das Titelblatt seiner ersten im engeren Sinne des Wortes reformatorischen Schrift und von da an auf das Titelblatt zahlreicher weiterer von ihm geschriebener Bücher. Es handelt sich dabei um Zwinglis Lieblingsspruch Matth. 11,28. Das schlichte Titelblatt seiner ersten reformatorischen Schrift weist als Schmuck einen dornengekrönten Christus auf, der seine Hände einladend ausbreitet. Spruch und Bild gewähren uns Einblick ins Herz reformatorischen Glaubens.

Doch damit stehen wir schon mitten in der Reformation. Im Jahr 1519 wurde Zwingli, der damals zu den vielversprechendsten jüngeren Geistlichen in der Schweiz gehörte, *Leutpriester am Grossmünster in Zürich.* An dieser Kirche wirkte er in verschiedenen Ämtern bis zu seinem Tod. In den Anfang seiner Zürcher Amtstätigkeit fällt eine schwere Erkrankung an der Pest, welche eine Vertiefung seiner Religiosität zur Folge hatte. Grosses Aufsehen erregte es, als Zwingli in seinen Predigten am Grossmünster anfing, das Matthäusevangelium fortlaufend auszulegen. Er brach also mit der überlieferten Perikopenordnung (d. h. für jeden Sonntag ist ein bestimmter Bibeltext vorgeschrieben, über andere Texte wird nicht gepredigt), um die Bibel in ihrer Gesamtheit zu Wort kommen zu lassen. ‹Das göttlich wort soll über alle menschen herrschen, jnen fürgeschrieben, vorgeseit und trülich eroffnet und ufgethon werden, denn wir sind dem selbigen schuldig nachzukummen.› − ‹Das Wort Gottes ist gewiss, es kann nicht fehlerhaft sein. Es ist klar und lässt nicht in der Finsternis irren; es öffnet sich selber und bescheint die menschliche Seele mit allem Heil und mit aller Gnade. Es lässt die Seele in Gott vertrauen, es demütigt sie, damit sie sich selbst aufgebe und verwerfe, doch sich dann wieder in Gott fasse. In Gott lebt sie, darum kämpft sie; sie verzweifelt an allem menschlichen Trost. In Gott ruht sie allein.› – ‹Leggend umb gotz willen die bible in die mitte! Darumb, fromme Christen, zur gschrift, zur gschrift! Die macht wys zur seligkeit und leret alles guots.› – ‹Sehe ein jeder uff sinen Houptmann Christum Jesum! Der wirt uns nit verfüeren. Wer von Christo, dem Houpt und Houptmann, nit abwycht und flüchtig wirt, der siget und überwindet.› In diesen Zwingliworten weht der Geist der Reformation.

Der Verlauf der Reformation in Zürich muss hier nicht dargestellt werden. Kehren wir zurück nach *St. Gallen!* Wie man in St. Gallen Zwingli einschätzte, beleuchtet folgendes Zitat aus Johannes Kesslers ‹Sabbata›: ‹Dann durch disen man hat Gott siner kilchen herrlichkait wider angericht; dann er allain wider herfür bracht hat die hoptsachen des Testaments und ewigen bundts und, was abgangen, wider ernüweret. Er allain hat die allmechtigkait und guotte Gottes, ja sin ainigs wesen, durch anruofung der abgestorbnen hailigen verfinsteret, zuo der alten schöne widergebracht. Er hat nach dem vorbild Ezechie (Hiskia) und Josie (Josia), der frommsten künigen, alle götzen hingestellt, damit Gott allain in und durch alles in glob und lieb durch gaist regierte. Witer die sacrament der kilchen, mit grülichen irthumben befleckt, hat er wider gelüteret und ganz schön dem volk Gottes fürgestellt…› Für kritische Leser klingen diese Sätze vielleicht fast zu pathetisch. Als Gegengewicht zitieren wir deshalb noch Vadian. Er kannte Zwingli besser als die meisten. Als er von Zwinglis Tod erfuhr, notierte er in sein Tagebuch (wir übersetzen frei aus dem Lateinischen), Zwingli sei wegen seiner Lehre zu loben, weniger Ruhm gebühre ihm wegen der Hitze seines Gemüts und wegen der Überstürztheit mancher seiner Urteile.

Vadian (Joachim von Watt), der Reformator

Vorbemerkung

In den vorangehenden Kapiteln ist dieser Name schon mehrfach gefallen. Wir erzählten von seiner *Freundschaft mit Zwingli.* Wir zitierten aus seiner *Äbtechronik*. Es handelt sich dabei um ein monumentales Werk, das als Quelle für die St.Galler Lokalgeschichte unentbehrlich ist. In der Kantonsbibliothek Vadiana und im Stadtarchiv werden zwei prachtvolle Handschriften davon aufbewahrt. Die st.gallische Reformation ist nicht denkbar ohne Vadian. Dank ihm wurde sie in erster Linie überhaupt durchgeführt. Ohne ihn hätte sie sich in den Wirrnissen der Zeit wohl gar nicht behaupten können. Wer war er?

Vadians Kindheit

Vadian wurde vermutlich im Jahr 1484 geboren. Er und Zwingli waren also wahrscheinlich Jahrgänger. Vadian – oder wie er eigentlich richtig hiess: *Joachim von Watt* – war Spross einer bedeutenden St.Galler Kaufmannsfamilie. Als Teilhaber der Diessbach-Watt'schen Handelsgesellschaft hatte sie viel zur Verbreitung der St.Galler Leinwand in aller Welt beigetragen. Ausserdem hatte sie der Stadt auch etliche hohe Politiker bis hinauf zum Bürgermeister gestellt. Der junge Joachim war intellektuell begabt. Er wurde in die *städtische Lateinschule* geschickt, wo er Rechnen, Lesen und Schreiben lernte, ‹frömd und haimsch›, d.h. lateinisch und deutsch. Hauptfach war die lateinische Grammatik, weil das Ziel der Lateinschule die vollkommene Beherrschung dieser Sprache war. Wie Vadian selbst erzählt, ging das nicht ohne häufige Prügel ab. Es gehörte zu den Pflichten der Schüler, in den Gottesdiensten des Münsters zu singen.

Wiener Jahre

Mit siebzehn Jahren, für damalige Begriffe eher spät, zog Vadian an die berühmte *Universität* der Kaiserstadt Wien. Schon aus dem vorangehenden Kapitel geht hervor, dass er möglicherweise dort die Bekanntschaft seines Landsmannes Zwingli machte. Vadians erstes Semester im Winter 1501/02 fällt mit Zwinglis letztem zusammen. Wie alle Studienanfänger schrieb sich Vadian an der *artistischen Fakultät* ein, wo er seine Kenntnisse in lateinischer Grammatik und Literatur erweiterte. Im Jahr 1508 errang er den obersten Titel, den die artistische Fakultät verleihen konnte: den eines Magisters.

Die Universität Wien stand damals im Umbruch. Eine moderne, dem Geist der Renaissance verpflichtete humanistische Richtung kämpfte gegen die Vertreter der mittelalterlichen Schulphilosophie, welche in der artistischen Fakultät nur eine Vorstufe der höheren theologischen Fakultät erblicken wollten (nach mittelalterlicher Auffassung waren alle Wissenschaften Dienerinnen der Theologie). Vadian zögerte nicht, sich der *avantgardistischen humanistischen Richtung* anzuschliessen. Er zählte sich fortan zu jenen Gelehrten, welche die Beschäftigung mit der antiken, vorab mit der lateinischen Literatur zu einem Selbstzweck und zu ihrem Lebensinhalt machten. Sie bewunderten die Weisheit und Eleganz der nichtchristlichen Denker des Altertums. Ja, sie bemühten sich, tausend Jahre nach dem Untergang des Römischen Reiches eine neulateinische Kultur aufzubauen.

Joachim von Watt, genannt Vadian. Ölbild, eingefügt in die ‹Grosse Äbtechronik› Vadians Zeitgenössisches Porträt. Die Inschrift ist ein lateinischer Zweizeiler und lautet: ‹Kein andrer kann dich, Vadian, malen, wenn er es nicht versteht, (dem Bild) Leben zu geben und die Farben zu beseelen. Im neunundfünfzigsten Lebensjahr, 1545.› Nach Meinung des Verfassers der Inschrift wäre Vadian also etwas jünger gewesen, als sonst angenommen wird.(Original in der Kantonsbibliothek [Vadiana] St.Gallen, Ms 43.)

Vorlesung eines Universitätslehrers. Holzschnitt. 1525.

So fingen sie selbst an, in lateinischer Sprache zu dichten. Äusseres Merkmal der Hinwendung des jungen St.Gallers zum Humanismus war seine Namensänderung. Aus Joachim von Watt wurde lateinisch *Joachimus Vadianus* (heute pflegt man meist abgekürzt Vadian zu sagen).

Schritt um Schritt erklomm Vadian die Stufen einer *glanzvollen Gelehrtenlaufbahn.* Er wurde Professor an der artistischen Fakultät und erhielt im Jahr 1516 sogar deren wichtigsten Lehrstuhl. Während er selber immer weiterlernte, war er gleichzeitig Lehrer. Mit Kollegen und Schülern zusammen lebte er in klosterähnlicher Wohngemeinschaft. Für einen damaligen Professor war es nicht üblich, zu heiraten. Vadian kümmerte sich väterlich um manchen seiner Studenten, so um seinen späteren Schwager Konrad Grebel und um Jakob Zwingli, Ulrichs jüngeren Bruder (vgl. das dritte Kapitel).

In echt humanistischer Weise verfasste Vadian eine grosse Anzahl *lateinischer Schriften in Versen und in Prosa.* Vieles davon ist im wortreichen humanistischen Durchschnittsstil rasch hingeworfen worden. Es befinden sich darunter aber auch ein so geistreiches und witziges Werklein wie der ‹gallus pugnans› und ein so gewichtiges Buch wie ‹De Poetica et Carminis ratione›. Das erstere ist eine Art ‹Prozess› zwischen Hühnern und Hähnen und deren Anwälten, wobei sich die Hühner in recht emanzipierter Art über die streitsüchtigen Hähne lustig machen. Das letztere ist eine umfassende Literaturgeschichte. – Zum Schreibenkönnen gehörte das Redenkönnen. Als im Jahr 1515 in Wien eine internationale Fürstenkonferenz stattfand, fiel Vadian die Ehre zu, die Begrüssungsansprache an den König von Polen zu halten!

Wie viele Zeitgenossen sehnte sich Vadian nach dem grössten denkbaren Humanistenruhm: sich ‹*poeta laureatus*›, d.h. ‹mit Lorbeer gekrönter Dichter›, nennen zu dürfen. Im Jahr 1514 war das Ziel erreicht. In einer feierlichen Zeremonie verlieh Kaiser Maximilian dem vor ihm knienden Vadian den immergrünen Dichterkranz (mangels Lorbeer war er aus Buchs!), den Dichterring und das Poetendiplom. Noch bedeutsamer war, dass Vadian im Wintersemester 1516/17 für würdig befunden wurde, das höchste Amt der Universität, das *Rektorat,* zu bekleiden.

Vadian beschäftigte sich nicht nur mit Literatur. Er verkörperte vielmehr den *Typus eines Universalmenschen,* wie er in der Renaissancezeit als Vollendung des menschlichen Daseins angestrebt wurde. Vadian bildete sich zum Fachmann in vielen Wissensgebieten aus. Er studierte Geographie und versuchte zu diesem Zweck möglichst viele Gegenden aus eigener Anschauung kennenzulernen. Er unternahm Reisen nach Italien, Ungarn und im Jahr 1519 (schon von St. Gallen aus) nach Deutschland, Schlesien und Krakau. Auch bestieg er den Pilatus bei Luzern, um zu erforschen, was es mit dem sagenumsponnenen Pilatusseelein auf sich habe, wobei ihm entgegen allen Warnungen der Einheimischen nichts passierte! Gute Kenntnisse erwarb er sich in Mathematik und Astronomie. Auch die Musik hatte es ihm angetan; eine Zeitlang wirkte er sogar als Lehrer der Wiener Sängerknaben. Im Jahr 1512 begann er neben seinen sonstigen Verpflichtungen mit dem Medizinstudium, das er im Jahr 1517 mit dem Doktorgrad abschloss.

Die Rückkehr nach St. Gallen

Doch damit stehen wir bereits am entscheidenden Wendepunkt in seinem Lebenslauf. Der *Entschluss zum Medizinstudium* stand im Zusammenhang mit Gedanken an eine mögliche Heimkehr in die Vaterstadt. Wollte er sich in St. Gallen niederlassen, musste er einen praktischen Beruf ausüben. Alle seine humanistischen Titel nützten ihm nichts in der Heimat.

Vadian hatte sich zu einem der berühmtesten Humanisten nördlich der Alpen emporgearbeitet. Doch im Jahr 1518 verliess er seine bisherige Wirkungsstätte Wien und kehrte in das kleine, bescheidene St. Gallen zurück. Was bewog ihn dazu? Wie ist dieser *auffallende Knick in seiner Lebenslinie* zu erklären? Fest

INSIGNIA POETARVM HANC LAVRVM DEDIMVS CHVNRADO INSIGNIA VATVM
CAESAR: VT HEROVM FORCIA FACTA CANAT
QVAQVE PIOS VATES MERITA CVM LAVDE CORONET
QVANDO QVIDEM NOSTRAS IAM GERIT ILLE VICES·

Abzeichen für einen ‹mit Lorbeer gekrönten Dichter›. Holzschnitt von Albrecht Dürer.
1501.

Titelblatt aus Wolfgang Fechters Abschrift von Vadians ‹*Äbtechronik*›.
Die beiden Köpfe in den oberen Ecken sollen Vadian (mit Lorbeerkranz)
und seine Frau Martha, geb. Grebel, darstellen. (Original im Stadtarchiv
[Vadiana] St.Gallen, Band 677a.)

steht zunächst, dass Vadian seine Heimatstadt sehr liebte und sich als Schweizer fühlte. Im Jahr 1513 schrieb er an Zwingli: ‹Ich liebe die Gemeinschaft aller Helvetier und wünsche aller Heil.› Es schwebte ihm vor, die bisher nur durch ihre Kriegstüchtigkeit bekanntgewordene Schweiz in eine Stätte der Gelehrsamkeit umzuwandeln. Seine zukünftige Rolle sah er als praktischer Arzt, aber auch als Berater, Helfer und Erzieher seiner Stadt und der ganzen Eidgenossenschaft. Vadians Heimkehr steht in keinem unmittelbaren Zusammenhang mit der eben damals in Deutschland beginnenden Reformation. Doch er scheint gespürt zu haben, dass *die humanistischen Ideale am Verblassen und neue Ideale im Kommen* waren. Die humanistische Betriebsamkeit, diese Wissenschaft um der Wissenschaft willen, befriedigte ihn auf die Dauer nicht. Im Jahr 1530 hat er seine einst so heiss begehrte Dichterkrönung als ‹juvenilis insania›, d.h. als ‹jugendliche Verrücktheit›, abgetan. Ein schlichtes, aber lebensnahes Dasein in St.Gallen zog ihn auf die Dauer mehr an als das grossartige, aber etwas künstliche und weltfremde Gelehrtenleben in Wien.

Bald nach seiner Rückkehr wurde Vadian, wie er es gehofft hatte, zum *Stadtarzt und allgemeinen Ratgeber* berufen. Jetzt konnte er ans Heiraten denken. Seine *Ehefrau* wurde *Martha Grebel,* die aus dem Zürcher Stadtadel stammte. Heiratsvermittler war ihr Bruder, Vadians Freund Konrad Grebel, der wenige Jahre später in der täuferischen Bewegung eine führende Rolle spielen sollte. Im Frühling 1520 bezog Vadian mit seiner Frau das Haus ‹Zum tiefen Keller› in den Hinterlauben. Dort wurde die Tochter Dorothea, ‹Durlin› genannt, geboren. Mit Vadians Eintritt in den Kleinen Rat als Nachfolger seines verstorbenen Vaters im Sommer 1521 begann auch seine *politische Laufbahn.*

Nebenbei hatte Vadian noch genügend Zeit, seine Studien weiterzutreiben. Er begann, sich mit *theologischen Fragen* zu beschäftigen und las Lutherschriften und Bücher anderer Reformatoren. In seiner Gewissenhaftigkeit besorgte er sich aber auch

Publikationen der Gegner der beginnenden Reformation. Mehrere Jahre hielt er sich nach aussen still. Man wusste nicht, was er dachte und wo er stand. Er liess sich nicht drängen und wollte seine Entscheidung – und die musste so oder so erfolgen – in Ruhe überlegen. Er war alles andere als von einem Tag zum nächsten Feuer und Flamme für die Reformation. Eines nur lässt sich sagen: Vadian, der ja Laie (d. h. nicht Priester) war, eignete sich in diesen Jahren Kenntnisse in theologischen Fragen an, wie sie wenige zeitgenössische Kirchenmänner besassen. Und noch etwas: Vadian war auch bisher nicht areligiös gewesen, doch jetzt rückte sein Interesse am Glauben ins Zentrum seines Lebens.

Fünftes Kapitel

Begeisterung für die Bibel

Einleitung

An einem Frühlingstag des Jahres 1551 lag der alt gewordene Vadian auf dem Sterbebett. Bei ihm sass sein Freund und Mitarbeiter Johannes Kessler. Angesichts des nahen Todes überreichte ihm Vadian ein Buch. Es war eine handliche Ausgabe des Neuen Testamentes. Vadian sagte dazu: ‹Nimm, mein Kessler, dieses Testament, das mir mein liebster Besitz auf Erden war, zum ewigen Gedächtnis unserer Freundschaft.› Dann ergriff Vadian die rechte Hand Kesslers, lobte Christus und starb.

Wir erleben hier Vadian als einen Menschen, der durch die Bibel zu tiefem Glauben gekommen war. Voll Trauer beklagt Kessler in einem Brief den Tod des ‹teuren Vaters›, dem St. Gallen Entstehung und Bestand der reformierten Kirche zu verdanken habe (vgl. die Abbildung S. 53).

Die frühen zwanziger Jahre

Doch wenden wir uns wieder der Zeit zu, in der Vadian sich in die Schriften der Reformatoren und ihrer Gegner vertiefte! Im *Januar 1523* wurde endlich klar, auf welche Seite er sich schlagen wollte. Anfang Januar stellte Zwingli in Zürich sein reformatorisches Programm (die sogenannten siebenundsechzig ‹Schlussreden›, d. h. Thesen) der Öffentlichkeit vor. Und am 29. desselben Monates vollzog sich die *endgültige Wende Zürichs zur Reformation.* Jetzt war auch für Vadian der Augenblick gekommen, Farbe zu bekennen. Ohne zu wanken, blieb er von da an bei seinem Entschluss. Er zögerte nicht mehr, die Reformation in St. Gallen in die Wege zu leiten. Er konnte das um so mehr, als er in der Stadt einige befreundete Geistliche wusste, die teilweise schon längere Zeit der Reformation zuneigten (so Benedikt Burgauer, der Hauptpfarrer an St. Laurenzen, Wolfgang Wetter und Dominik Zili).

Die Ereignisse während der kommenden turbulenten Jahre hat *Johannes Kessler* in seiner grossen Chronik der Reformationszeit, die er *Sabbata* betitelte, für die Nachwelt festgehalten. Wie die ‹Äbtechronik› Vadians gehört das Manuskript der ‹Sabbata› zu den kostbarsten Schätzen der Stadtbibliothek Vadiana (vgl. die Abbildung S. 54). Vadian selbst hat seine reformatorische Überzeugung in verschiedenen Schriften niedergelegt. Das die damalige Volksfrömmigkeit prägende religiöse Leistungsdenken (vgl. das zweite Kapitel) lehnte er jetzt mit folgender Begründung ab: ‹Welcher Got eeret mit gedanken der belönung, der ist eins unreinen herzens.› Er wird nicht müde, zu betonen, dass er sein Heil, das ‹Bürgerrecht im Himmel›, wie er sich in Anlehnung an das Neue Testament ausdrückt, nicht durch eigene Bemühungen, sondern *allein durch den Glauben* an Gottes Gnade gefunden habe. Diese Gnade sei ihm im Tod Jesu am Kreuz offenbar geworden. Die *grosse innere Befreiung, welche der reformatorische Glaube vielen Menschen brachte,* wird auch spürbar in Kesslers erleichtertem Aufatmen: ‹O was zittern, was sorg und angst, was thyranny habend wir getragen und in unseren gewissnen empfunden!›

Vadian sah nun seine Aufgabe neu. Er wollte nicht mehr nur Arzt des Leibes, sondern auch Arzt der Seele sein. Noch im Januar 1523 begann er, sein Vorhaben in die Tat umzusetzen. Einem kleinen Kreis von befreundeten Geistlichen, die er in sein Haus einlud, *erklärte* er *die Apostelgeschichte.* Die einen führte er dadurch in das reformatorische Glaubensverständnis ein, den andern, welche bereits überzeugt waren, stärkte er durch dieses Unternehmen den Rücken. Vadian wurde zwar erst im Jahr 1526 Bürgermeister. Schon vorher hatte der angesehene Mann star-

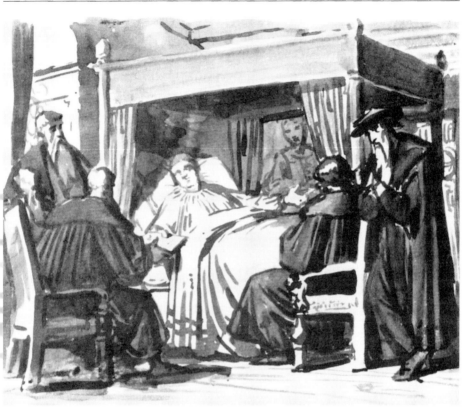

Emil Rittmeyer (1820–1904), *Vadians Tod.* Er vermacht seine Bibliothek der Stadt. Pinsel-
zeichnung. (Original im Kunstmuseum St.Gallen.)

Folgende Seite:
Beginn des ersten Buches der *Reformationschronik Sabbata* in der Handschrift Johannes
Kesslers. Dass er seinen Bericht mit der ‹Ankunfft Jesu Christi, unsers hailands› und mit
einer ‹grundfeste des einigen waren und von iewelten her uralten Globens› beginnt, ist
bezeichnend für das Selbstverständnis des reformatorischen Glaubens. (Vad. Ms. 72.)

IM NAMEN DES VATTERS. SONS VND H. G.

DAS ERST BVCH

VON DER ANKVNFT IESV

Christi unsers Hayrlands, und
ain grundfeste des ainigen waren und
von urchristen har walten
Globens.

ken religiösen Einfluss auf die Stadtbehörden, denen er als Kleinrat angehörte. Äusserlich gesehen geschah das ganze Jahr 1523 hindurch in Sachen Reformation nichts. Vadian war nicht der Mann, der etwas überstürzen wollte. Er liess dem Rat und der Geistlichkeit Zeit zum Umdenken. Dass die Predigten einiger Pfarrer jetzt schon evangelisch geprägt waren, steht fest. *Reformatorische Ideen verbreiteten sich im Volk.* Ungeduldig ob der Bedächtigkeit der Behörden rissen einfache Bürger die Initiative an sich. Ihr Führer war Johannes Kessler.

Johannes Kessler

Wer war dieser Mann, den wir schon mehrfach erwähnt haben, vor allem als den Verfasser der grossen Reformationschronik ‹Sabbata›? Kessler war der Sohn einer armen Näherin. Der im Jahr 1502 oder 1503 Geborene sollte Priester werden. Seine akademische Ausbildung begann er in Basel, wo er auch Vorlesungen von Erasmus hörte. Dann wandte er sich zum *Theologiestudium* nach Deutschland und studierte in Wittenberg *bei Martin Luther.*

Die wohl berühmteste Stelle in seiner ‹Sabbata› ist der Abschnitt, in dem er erzählt, wie *er im Frühling 1522 den als ‹Junker Jörg› verkleideten Luther im Wirtshaus ‹Zum schwarzen Bären› in Jena kennenlernte.* Zusammen mit einem andern St.Galler Studenten, Wolfgang Spengler, war Kessler zu Fuss unterwegs nach Wittenberg, wo er die Heilige Schrift studieren wollte. Die beiden Studenten gerieten in ein wüstes Gewitter und fanden nirgends eine Herberge als Unterschlupf. Unter dem Stadttor begegnete ihnen ein freundlicher Mann, der ihnen den Weg zum ‹Schwarzen Bären› zeigte. Der Wirt öffnete ihnen die Türe und führte sie in die Gaststube. Da die beiden ganz verdreckt waren, wagten sie es nicht, richtig einzutreten. Ganz verschämt setzten sie sich auf eine kleine Bank neben der Türe. In der Gaststube sass allein am Tisch ein Ritter, der nach Landesgewohnheit

dasass ‹in ainem roten schlepli (d.h. Kopfbedeckung), in blossen
hosen und wammes, an schwert an der siten, mit der rechten hand
uf des schwerts knopf, mit der anderen das hefte (d.h. den Griff
des Schwertes) umfangen›. Er lud die beiden jungen St.Galler ein,
sich zu ihm an den Tisch zu setzen, und bot ihnen zu trinken an. Er
fragte nach ihrer Herkunft, beantwortete seine Frage aber selbst:
‹Ir sind Schwitzer: wannen sind ir uss dem Schwitzerland?› Als sie
ihm ihre Heimatstadt St.Gallen nannten, zählte er die Namen von
einigen andern St.Gallern an der Universität Wittenberg auf. ‹Do
fragten wir in wider: Min her, wissent ihr nit uns zuo beschaiden,
ob M. Luther ietzmal zuo Wittenberg oder an welchem ort er doch
sije? Antwurt er: Ich hab gewisse kundtschaft, das der Luther
ietzmal nit zuo Wittenberg ist; er sol aber bald dahin kommen.›
Der fremde Ritter empfahl darauf den Studenten das Studium der
griechischen und hebräischen Sprache, ‹welche baid er uns in trü-
wen raten welt zuo studieren, dann sy halige geschrift zuo verston
bevor notwendig sind.› Die beiden St.Galler Studenten erzählten,
wie wichtig es für sie sei, Martin Luther zu hören. Sie seien von
Jugend auf dazu erzogen worden, Priester zu werden. Und jetzt
hätten sie gehört, dass Luther das Priestertum und die Messe in
Frage stelle.

Der fremde Ritter erkundigte sich bei den Studenten, ob Erasmus von Rotterdam sich immer noch in Basel aufhalte. Dann fragte er unvermittelt, was man in der Schweiz von Luther halte. ‹Min
her, es sind (wie allenthalben) manigerlai manungen. Etlich könnend in nit gnuogsam erheben und Gott danken, das er sin war-
hait durch in geoffenbaret und die irrthumb zuo erkennen geben
hat; etlich aber verdammen in als ainen unlidigen ketzer...› Den
beiden Studenten kam der Ritter seltsam vor. Besonders staunen
mussten sie, als sie entdeckten, dass ein Büchlein, das vor ihm auf
dem Tisch lag, eine hebräische Ausgabe der Psalmen war. Johannes Kesslers Freund sagte, er würde gern einen Finger von seiner
Hand opfern, wenn er Hebräisch könnte. Der Ritter antwortete: ‹Ir
mögend es wol ergrifen, wo ir anderst fliss anwenden; dann ich

Luther als Junker Jörg. Holzschnitt von Lukas Cranach d. Ä. 1521.

och die beger witer zuo erlernen und mich teglich herinn uob.› Obschon der Wirt den Studenten zuflüsterte, dass der fremde Ritter Luther sei, wollten sie es nicht glauben. Während des Nachtessens stiessen noch zwei Kaufleute zur Tafelrunde. Auch jetzt wurde wieder über Luther diskutiert, da einer der Kaufleute ein neues Buch des Wittenberger Reformators bei sich hatte. Einer von ihnen sagte: ‹Wie mich die sach ansicht, so muoss der Luther aintweders ain engel von himel oder ain tüfel uss der hell sin.› Der fremde Ritter bezahlte für die beiden St. Galler Studenten die Rechnung. Erst nach ihrer Ankunft in Wittenberg lüftete sich für sie sein Geheimnis.

Infolge seines Studiums in Wittenberg gab Johannes Kessler seinen ursprünglichen Plan auf, sich zum Priester weihen zu lassen. Evangelischer Pfarrer konnte er nicht werden, da es in seiner Heimatstadt St. Gallen noch keine evangelische Kirche gab. Als er Ende 1523 zurückkehrte, entschloss er sich darum, Handwerker zu werden. Er begann eine Lehre bei einem Sattler. Aus dieser Zeit datieren die Anfänge der *engen Freundschaft zwischen dem bescheidenen Kessler und dem vornehmen und älteren Vadian.* Unter den Gästen an Kesslers Hochzeit im Jahr 1525 finden wir Vadian. Das Beispiel zeigt, wie die Bewegung der Reformation Menschen verschiedener sozialer Herkunft zusammenführen konnte.

Kessler wurde nie ordiniert. Lange Jahre übte er den Beruf des Sattlers aus. Seine Tätigkeit als Prediger und ‹Leser› (vgl. den folgenden Abschnitt) war ehren- oder nebenamtlich. Im Jahr 1537 wurde er Schulmeister an der Lateinschule. In diesem Amt unterrichtete er Latein und Griechisch. Daneben hatte er die Verpflichtung, die Pfarrer zu St. Laurenzen im Predigtdienst bei Krankheit oder Ortsabwesenheit zu vertreten. Als Gehilfen in der Schule zog er seine Söhne bei. Nach Vadians Tod übernahm er die Leitung der auf dem Grundstock der von Vadian geschenkten Bücher aufgebauten Bibliothek (heute Kantonsbibliothek [Vadiana]). Noch im hohen Alter, 1571, wurde Kessler zum ersten Pfarrer der Stadt berufen und zum Leiter der für beinahe die ganze Ostschweiz zuständigen St.Galler Synode erkoren. So wurde Kesslers seltsamer Lebenslauf mit dem Amt der Kirchenleitung gekrönt.

Das Volk begeistert sich für die Bibel

Johannes Kessler schildert anschaulich, wie nach seiner Heimkehr aus Deutschland Männer aus dem Volk an ihn herantraten mit der Bitte, ihnen die Bibel zu erklären. Im Januar 1524 begann er in einem Privathaus mit seinen ‹Lesinen›, d. h. die Bibel wurde vorgelesen und erklärt. Die Bürger der Stadt müssen einen ungeheuren Hunger nach dem Wort Gottes gehabt haben, das ihnen bisher weitgehend unbekannt geblieben war. Kessler besass die grosse Gabe, mit seinen Worten einfache Leute zu fesseln. Die Schar der Zuhörer in Kesslers ‹Lesinen› vergrösserte sich von Mal zu Mal. Bald musste man in die Zunftstube der Schneider umziehen, und als diese auch zu klein wurde, in den geräumigen Zunftsaal der Weber. *Das ganze Volk wurde von der Bibelbewegung ergriffen.* Wir befinden uns hier vielleicht am zentralsten Punkt der St.Galler Reformationsgeschichte.

Kesslers ‹Lesinen› erweckten bald den Argwohn der katholisch Gesinnten in der Stadt. Vertreter des Abtes verklagten Kessler im August 1524 vor der Tagsatzung in Baden. Es war für die damalige Zeit etwas Unerhörtes, dass sich ein Laie anmasste, über Bibel und Glauben zu sprechen, und dies dazu ausserhalb der kirchlichen Räume. Und erst noch dieser Zulauf! Kessler erzählt schmunzelnd, dass ihn die Tagsatzungsherren, die zu jenem Zeitpunkt mit Ausnahme der Zürcher noch alle katholisch waren, für einen herumziehenden Kesselflicker hielten. Sie forderten den st.gallischen Rat in einem Brief auf, dem ketzerischen ‹laischen Buben› das Predigen zu verbieten. Der Rat hatte bisher die ‹Lesinen› geduldet, kannte man Kessler doch als einen besonnen und gebildeten Mann. Doch jetzt wich der Rat vor der

Tagsatzung zurück und ersuchte Kessler höflich, seine ‹Lesinen› eine Zeitlang einzustellen.

Die Behörden leiten die Reformation offiziell ein

Das bedeutet aber nicht, dass die Behörden die eben begonnene Reformation unterdrücken wollten. Nicht nur wurden Kesslers ‹Lesinen› bereits im Oktober 1524 wieder zugelassen. Im Februar 1525 wurde ihm zu diesem Zweck sogar die St.Laurenzen-Kirche zur Verfügung gestellt. Schon einige Monate vor dem Zusammenstoss mit der Tagsatzung hatten die Behörden selbst den *ersten vorsichtigen, aber eindeutigen Schritt Richtung Reformation* getan. Am 5.April 1524 wurden die Prediger der städtischen Pfarrkirche St.Laurenzen durch einen obrigkeitlichen Erlass aufgefordert, ‹das hailige evangelion hell, clar und nach rechtem christenlichen verstand, one inmischung menschlichs zuosatz, der uss biblischer gschrift nit gegründt ist›, zu verkündigen. Auch wenn das im damaligen Zeitpunkt nicht allen Ratsherren völlig bewusst gewesen sein mag, bedeutete diese *Verpflichtung auf die Bibel* praktisch ein *Einlenken auf die Grundsätze der Reformation.*

Es wurde eine Art Reformationskommission gebildet (aus vier Männern, darunter Vadian), welche die Bibeltreue der Predigten überprüfen sollte. Gleichzeitig versuchten die Behörden, den Frieden in der Stadt aufrechtzuerhalten. Hochoffiziell wurde verboten, einander ‹ketzer, bös christen, schelmen, buoben oder derglichen› zu schelten oder gar mit Fäusten oder Messern dreinzufahren. Dass dieser Erlass nötig wurde, wirft ein Licht auf die hochgehenden Emotionen in der Stadt.

Die Behörden hielten am einmal eingeschlagenen Kurs fest, auch wenn sie Kessler notgedrungen vorübergehend fallenlassen mussten. Anstelle seiner volkstümlichen ‹Lesinen› wurden im Sommer 1524 zusätzliche Wochenpredigten der ordentlichen Prediger in St.Laurenzen eingeführt, da der geistliche Hunger

Johannes Kessler. Zeitgenössisches Porträt. Ölbild. (Original in der Kantons-bibliothek [Vadiana] St.Gallen.)

Die Zürcher Bibel entsteht. Relief von Otto Münch an der Zwinglitüre des Zürcher Grossmünsters. 1935–1938.

der Bevölkerung nach wie vor gross war. Doch dem Volk waren die Predigten der Pfarrer zuwenig radikal, vielleicht auch zu abstrakt. Es verlangte wieder nach einem ‹Leser›, der seine Sprache sprach, und fand ihn im ehemaligen Mönch *Wolfgang Ulimann*. Ulimann war der Sohn eines angesehenen Zunftmeisters. Als Mönch war er im Kloster St.Luzi in Chur mit reformatorischen Gedanken in Berührung gekommen. Ulimann muss ein feuriges Temperament gehabt haben. Das Volk und sein neuer ‹Leser› waren beide von einer tiefen Leidenschaft ergriffen. Es kam zu groben Sprüchen über den katholischen Glauben. Ein Stadtbürger sagte z.B., er ‹schiss› auf die Messen, da sie nichts taugten. Ein erster Bildersturm ereignete sich, allerdings harmlosen Ausmasses. Die Behörden bestraften die Frevler streng.

Zusammenfassung

Zusammenfassend kann man sagen, dass die St.Galler Reformation von Anfang an ihr eigenes Gepräge hatte. Hier gab es keinen hervorragenden Kirchenmann wie Luther in Wittenberg oder Zwingli in Zürich, der den Stein ins Rollen brachte. Es waren die städtischen Behörden, welche unter der Führung Vadians die Reformation behutsam, aber zielbewusst in die Wege leiteten. Dem Volk war die Gangart der Behörden zu langsam und zu ängstlich. Es versuchte, die Zügel an sich zu reissen. *Die st.gallische Reformation war eine Volksbewegung* wie nirgendwo sonst. Spontan und begeistert stellte sich die Mehrheit der Stadtbevölkerung hinter die reformatorische Botschaft.

Die Behörden sahen sich vor der schwierigen Aufgabe, die vorwärtsstürmenden Neuerer unter dem Volk zu bremsen und gleichzeitig den Abt und die katholisch gesinnten Eidgenossen zu beschwichtigen. Zwischen diesen beiden Polen bemühten sie sich, einen gangbaren, geordneten, mittleren Weg für die Reformation in St.Gallen zu finden.

Sechstes Kapitel

Die Bewegung der Täufer

Vorbemerkung

Die Bewegung der Täufer spielte eine grosse Rolle im Raume St.Gallen. Im Jahr 1525, als die Reformation eben erst angelaufen war, ging ein Grossteil des Kirchenvolkes der Stadt und der äbtischen und appenzellischen Umgebung zu den Täufern über. So unbequem es auf den ersten Blick erscheinen mag, es wäre zu einfach, wenn dieser Aspekt aus der St.Galler Reformationsgeschichte ausgespart bliebe.

Für alle, die auf dem Boden der offiziellen reformierten Kirche stehen, ist das Thema Täufer mit besonderen Schwierigkeiten verbunden. Es zwingt zur Einsicht, dass *keine Kirche die volle Wahrheit für sich beanspruchen kann.* Das Thema kann heilsam sein, wenn es uns auf den *Weg der Toleranz* gegenüber den andern christlichen Kirchen und Freikirchen führt.

Das Täufertum wird zum sogenannten ‹linken Flügel› der Reformation gezählt. Im Vergleich mit Zwingli (und erst recht mit Luther) waren die Ansichten der Täufer radikal. Ihr *Hauptkennzeichen* war die *Ablehnung der Kindertaufe,* die in ihren Augen unbiblisch war, und der *Vollzug der Erwachsenentaufe aufgrund der persönlichen Entscheidung für Christus.* Mit dieser Sicht der Taufe hing die *Preisgabe der Volkskirche* und die *kritische Distanz zum Staat,* der hinter dieser Volkskirche stand, notwendig zusammen. Die Täufer organisierten sich als *Freikirche.* Weitere Kennzeichen der Täufer waren ihre betonte Einfachheit und die völlige *Gleichberechtigung aller Gemeindeglieder* in geistlicher Hinsicht.

Die heutige Theologie hält manche Ideen der Täufer für bedenkenswert. So war der wohl einflussreichste reformierte Theologe des zwanzigsten Jahrhunderts, Karl Barth, ein Gegner der Kindertaufe. Und sogar der bedeutende katholische Theologe Hans Urs von Balthasar nannte die Einführung der Säuglings-taufe ‹die folgenschwerste aller Entscheidungen der Kirchenge-schichte›. ‹Man kann nicht Christ werden als Kind, das ist ebenso unmöglich, wie es für ein Kind unmöglich ist, Kinder zu zeugen.› Auch an diese zwar nicht unproblematische Aussage des Dänen Sören Kierkegaard sei an dieser Stelle erinnert.

Wurzelgrund der Position der Täufer war ihr *strenger Bibel-glaube.* Zwar haben sämtliche Reformatoren die Heilige Schrift zur alleinigen Richtschnur des Glaubens gemacht. Die Lehren der Konzilien und Päpste wurden abgelehnt, wenn sie nicht mit der Bibel begründet werden konnten (vgl. dazu das zitierte st.gallische Ratsmandat von 1524). Luther und Zwingli waren aber der Meinung, dass das Wort Gottes der sorgfältigen Ausle-gung durch wissenschaftlich geschulte Theologen bedürfe. *Kon-rad Grebel* hingegen, der Führer der Täufer, schrieb im Jahr 1525 seinem Schwager und alten Freund Vadian: ‹Ich gloub dem wort Gottes einfaltiglich uss gnad, nit uss kunst› (d. h. nicht aufgrund wissenschaftlicher Auslegung); und wenig später: ‹Gib Deine menschliche Wissenschaft preis, damit Du weise werdest vor dem Herrn, werde wie ein Kind, sonst kannst Du nicht ins Him-melreich eingehen.›

Es scheint, dass *die täuferische Bewegung in St. Gallen in grös-serem Ausmass um sich griff als anderswo in der Eidgenossen-schaft.* Selbst an ihrem Ursprungsort Zürich war das Echo, das sie in der Bevölkerung fand, kleiner. Nicht umsonst widmete Zwingli seine Kampfschrift ‹Vom dem touff, vom widertouff unnd vom kindertouff› (vgl. die Abbildung S. 70) der Stadt St.Gallen. Am Anfang beeindruckten die Täufer durch ihre Folgerichtigkeit und Einfachheit selbst ihre Gegner. Johannes Kessler schreibt in der ‹Sabbata›: ‹Darby glanzet ir wandel und geberd ganz from, hailig und unstrafbar. Die kostlichen klaider vermiten sy, verachtend kostlich essen und trinken, beclaidten sich mit grobem tuoch,

verhüllend ir höpter mit braiten filzhuoten, ir gang und wandel
ganz demuottig. Sy truogend kain gewer, weder schwert noch
tegen, dann an abbrochen brotmesser. Sy schwuorend nit, ja
ouch kainer oberkait, burgerliche aidspflicht.› Bald aber nahm
das Täufertum in St.Gallen stark tumultuarische Züge an. Man
übertreibt kaum, wenn man von einer *Massenpsychose* spricht.
Einige Auswüchse weisen sogar in die krankhafte Richtung. (Eine
Ausschlachtung dieser Seite des st.gallischen Täufertums würde
aber nur vom Grundproblem ablenken: Nachdem das Lehramt
der katholischen Kirche ausser Kraft gesetzt war, mussten die
evangelischen Kirchen lernen, damit fertig zu werden, dass nicht
alle Bibelleser das göttliche Wort gleich interpretieren.)

Die st.gallischen Behörden mit Vadian als führendem Kopf un-
terdrückten die täuferische Bewegung. Das ist von heute aus gesehen bedauerlich. Doch blieb ihnen nichts anderes übrig, wollten sie nicht das Risiko eingehen, dass die soeben sorgfältig ein-
geleitete Reformation im Chaos versank und die überkommenen
staatlichen Strukturen in den Strudel mitgerissen wurden. Beim
damaligen konfessionellen Ungleichgewicht in der Eidgenossenschaft wäre eine von aussen aufgezwungene Rekatholisierung
St.Gallens sonst kaum zu vermeiden gewesen. Im Herbst 1525
verwarnten die katholischen Orte die St.Galler mehrfach wegen
der Täufer. Für Vadian lag bei der bitteren Auseinandersetzung
eine besondere Tragik darin, dass das geistige Oberhaupt der
Täufer, Konrad Grebel von Zürich, sein eigener Freund und
Schwager war. Immerhin setzte Vadian durch, dass beim Vorgehen gegen die Täufer unnötige Härten vermieden wurden.

Es gibt heute noch religiöse Gruppen, die sich als Nachfolger
der Täufer der Reformationszeit verstehen und ihr Gedankengut
weiter pflegen. Zu ihnen gehören die Mennoniten und die zah-
lenmässig starken baptistischen Kirchen in den USA, deren be-
kanntester Vertreter in den letzten Jahrzehnten der schwarze Bür-
gerrechtskämpfer und Pfarrer Martin Luther King war. In neuerer
Zeit machte auch die kleine Gruppe der Evangeliumschristen-Bapti-

sten in der Sowjetunion viel von sich reden, die seit 1961 versuchten, sich der staatlichen Kontrolle ihrer Glaubensgemeinschaft zu entziehen. Es handelt sich bei dieser Dissidentengruppe um eine der jüngsten christlichen Kirchen.

Die Ereignisse selbst

Die Bewegung des Täufertums nahm ihren Anfang in Zürich, wo im Jahr 1524 einige Bürger – unter ihnen Konrad Grebel – Kritik an Zwinglis Reformation zu üben begannen. Sie warfen ihm Ängstlichkeit und Inkonsequenz vor. Aufgrund einiger Bibelstellen kamen sie zur Meinung, ‹dass der kindertouff ein unsinniger, gotzlesteriger grewel sy wider alle gschrift› und durch die Erwachsenentaufe ersetzt werden müsse. Auch lehnten sie die staatliche Einmischung in die Kirche ab und verlangten deren Demokratisierung. Bald gerieten die Täufer in offenen Konflikt mit Zwingli und den zürcherischen Behörden.

Von Zürich aus sprang der Funke bald auf St. Gallen über. Grebel muss von prophetischem Eifer beseelt gewesen sein, Anhänger zu gewinnen. In ihm dränge und woge es wie Most, der kein Luftloch habe und die Flasche zu sprengen drohe, schrieb er von sich selbst an Vadian. In leidenschaftlichen, meist in lateinischer Sprache abgefassten Briefen – auch er war durch die humanistische Schule gegangen – versuchte er, seinen Schwager auf seine Seite zu ziehen. Doch er fand kein Gehör. ‹Min begär wer, und ist alweg an dich gsin, das du dich khumlicher schiklikeyt gegen Zwinglin… hieltist und nit so ansinnig oder kempfig wärist…›, lautete die Antwort Vadians. Die Enttäuschung Grebels wird spürbar in den Schlussworten seines nächsten Briefes: ‹Cuonrat Grebel, üwer trüwer schwager. Ich wolte lieber, dass wir einhellige bruoder in der warheit Christi werind.› Doch zögerte Grebel nun nicht mehr, sich über Vadian hinwegzusetzen und einen Brief direkt an die Zuhörer von Kesslers ‹Lesinen› zu richten, worin er für die Erwachsenentaufe eintrat und vor Kessler warn-

te. Kessler bekam den Brief zu Gesicht und vermochte die verun-
sicherten Leute vorübergehend zu beschwichtigen.

Bald darauf, im Februar 1525, liess sich Ulimann, der neue ‹Leser›, durch Untertauchen im Rhein von Grebel taufen. Nach
St. Gallen zurückgekehrt, begann er seine Anhänger von der übrigen Gemeinde, die er für im Teufelswerk befangen hielt, abzu-
sondern und in einer separaten, einzig ‹wahr gläubigen› täuferischen Gemeinde zu sammeln. Selbst Kessler, der unterdessen
seine ‹Lesinen› wieder hatte aufnehmen dürfen, und dies sogar
zu St. Laurenzen, konnte diese Spaltung trotz seiner einstigen Be-
liebtheit beim Volk nicht mehr verhindern. Zur Freude der Täufer
erschien vor Ostern 1525 Grebel selbst in St. Gallen. In einer Art
Prozession führten seine Anhänger ihn am Palmsonntag an die
Sitter hinaus und liessen sich massenhaft taufen. – Am selben
Tag wälzte sich eine ausser Rand und Band geratene Menschenmenge zum Kloster der Feldnonnen zu St. Leonhard hinaus, drang mit Gewalt in Kammern und Keller, durchwühlte alle
Schränke und Truhen und tat sich am Wein der hilflosen Kloster-
frauen gütlich. Auf die schüchternen Vorhaltungen der Frauen
antworteten die Plünderer nur: ‹Wir schissent in burgermeister
und in den rat und in das recht.› Vadian gelang es dann, die un-
gebetenen Gäste zu besänftigen und aus dem Haus zu treiben.

Ob bei den Klosterstürmern Täufer massgebend dabeiwaren,
ist nicht sicher. Doch die Erhitzung der Gemüter war offenkun-
dig. Die Behörden kamen zum Schluss, dass der Zeitpunkt für
energisches Eingreifen gekommen sei. Schon am nächsten Tag
versammelte sich der Grosse Rat und verbot Zusammenrottung,
Anschläge und Gewalttat gegen die Klöster. Für die Rädelsführer
des Klostersturms gab es ein gerichtliches Nachspiel. Für die
Nonnen endete die Sache allerdings auch nachteilig. Die Stadt
setzte zu ihrem ‹Schutz› zwei Vögte ein. Die Täuferführer, die
von auswärts gekommen waren (also die Begleiter Grebels, er
selbst war offenbar weitergereist), wurden gebeten, die Stadt zu
verlassen. Vadian hielt nichts vom anderswo üblichen Enthaup-

ten, Ertränken und Verbrennen der Täufer. Er war der Meinung, dass das die Leute nur noch ‹halsstarriger› mache. Er hoffte, die Täufer durch geistige Auseinandersetzung zu überwinden. Ulimann, der ein St.Galler war, wurde vor den Rat zitiert und erhielt Gelegenheit, seine Anschauungen darzulegen. Er wurde aufgefordert, mit Taufen und eigenmächtigem Feiern des Abendmahls (in den städtischen Kirchen war damals der Schritt zu einer neuen Form der Abendmahlsfeier noch nicht getan) vorläufig aufzuhören. Gleichzeitig forderte der Rat die Parteien auf, ihre Haltung schriftlich zu begründen. Vermutlich gab es zu jenem Zeitpunkt innerhalb des Rates Sympathisanten der Täufer, und es musste eine Klärung in den eigenen Reihen erfolgen.

Ulimann liess sich nicht auf den Stillstand ein. Allabendlich gab es täuferische Predigten im Schützenhaus und unter den Linden vor dem Multertor. Nach Kessler spaltete sich die Stadt in ‹papisten› (Katholiken), ‹christen› (reformatorisch Gesinnte) und ‹widertouften›, deren Zahl er jetzt auf etwa achthundert Seelen schätzte. (Er zählte dabei möglicherweise die Täufer der näheren äbtischen und appenzellischen Umgebung mit. Anderswo wird die Zahl fünfhundert genannt. Thürer meint, die Mehrzahl der Bevölkerung sei täuferisch gewesen. Auf alle Fälle wurde das Täufertum zu einer Massenbewegung.) Die Dinge trieben offensichtlich einem Höhepunkt zu. Besorgt über die Entwicklung in St.Gallen widmete Zwingli seine Kampfschrift gegen die Täufer (vgl. S.70) der Stadt und liess sie Ende Mai 1525 dem Rat überreichen. Grebel hingegen schrieb letzte verzweifelte Briefe an Vadian und beschwor ihn mit ergreifenden Worten, sich nicht mit dem Blut Unschuldiger zu beflecken. Völlig scheiterte ein grossangelegter Vermittlungsversuch, den Dominik Zili, reformatorisch gesinnter Schulmeister und ‹Leser› zu St.Laurenzen, von sich aus unternahm. Auf den Abend von Pfingsten (4. Juni) lud er alle Bürger der Stadt zu einem Streitgespräch über die Tauffrage ein. Alles, was Beine hatte, samt Ratsherren und Bürgermeister, fand sich in der Kirche ein. Die Täufer nahmen auf

Vom dem Touff. Vom wider-
touff. Vnnd vom kindertouff durch
Huldrych Zuingli.

Christus Mathei . xj.
Kument zü mir alle die arbeytend vnd Bela-
den sind ich wil üch rüw geben.

Getruckt zü Zürich
durch Johannsen Hager.

‹Vom dem Touff. Vom widertouff. Unnd vom kindertouff.› Titelblatt der dem Rat
von St.Gallen gewidmeten Schrift Ulrich Zwinglis von 1525.

der Empore Platz. Als nun Zili zur Eröffnung der Diskussion Zwinglis Schrift verlesen wollte, erschollen von oben Zwischenrufe: ‹Sag uns Gotts und nit Zwinglis Wort!› Sofort ergriffen die Anwesenden Partei. Die Versammlung endete in einem Durcheinander.

An den beiden nächsten Tagen fand die Verlesung der schriftlichen Stellungnahmen der religiösen Parteien vor dem Grossen Rat statt. Der täuferische Standpunkt kam in einem Brief Konrad Grebels zur Darstellung, der reformierte in einer Schrift Vadians. Die grossen Streitfragen der Zeit traten zutage im Zweikampf der beiden Schwäger und einstigen Freunde. (Was Martha von Watt-Grebel bei diesem Streit empfand, ist uns nicht überliefert.) Der Rat schlug sich auf die Seite Vadians und fasste nun eindeutig antitäuferische Beschlüsse.

Den Täuferführern wurde das Taufen und die Feier des Abendmahles endgültig verboten. Für den Fall der Übertretung dieses Verbots drohten Gefängnis und Ausweisung. Ulimann und einige seiner Freunde wurden in den kommenden Jahren wiederholt inhaftiert, aber jeweils nach ein paar Wochen oder spätestens nach wenigen Monaten wieder freigelassen. Liess sich jemand als Erwachsener taufen, hatte er eine Geldbusse zu gewärtigen. Folter und Todesstrafe wurden nicht angewendet. (Mit reformfeindlichen katholischen Priestern ging man in den späten zwanziger Jahren eher weniger human um!) Zur Verhütung neuen Aufruhrs wurde eine Bereitschaftspolizei von zweihundert Mann vereidigt.

Gleichzeitig gab der Rat den Täufern einen gewissen Spielraum. Sie durften an den Tagen, an welchen zu St. Laurenzen gepredigt wurde, eigene ‹Lesinen› abhalten. Die Behörden hofften, die Täuferbewegung durch dieses Entgegenkommen mit der offiziellen Kirche versöhnen zu können. Das gelang nicht. Im Gegenteil: ein Teil der Täufer, vor allem aus der äbtischen und appenzellischen Umgebung, sonderte sich in den nächsten Monaten noch stärker ab. Er entfernte sich von seinen eigenen idealistischen Anfängen und steigerte sich in einen fieberhaften Zustand hinein. Dienstmägde gaben sich als Prophetinnen aus und fanden Hunderte von Anhängern. Alle paar Tage wurden neue Einfälle geboren und zu verwirklichen gesucht. Bald schnitten sich die Frauen die Haare ab und trugen nur noch zwilchene Kleider. Handkehrum schmückten sie ihre Haarstummel mit samtenen Bändern und zeigten sich nur noch in Festkleidern. Einmal übten sich die Täufer in sexueller Enthaltsamkeit. Ein andermal verfielen sie sexueller Ausschweifung. Aufgrund des Jesus-Wortes: ‹Es sei denn, dass ihr euch umkehrt und werdet wie die Kinder, so werdet ihr nicht ins Himmelreich kommen›, begannen manche Täufer sich wie Kleinkinder zu benehmen und z.B. Tannzapfen an einem Faden hinter sich herzuziehen. Etliche glaubten sich so vom Heiligen Geist erleuchtet, dass sie ihre Bibeln für überflüssig erachteten und in den Ofen warfen. Besonderes Aufsehen erregte das ‹Sterben›. Der Apostel Paulus schreibt einmal: ‹Allezeit tragen wir das Sterben Jesu am Leibe herum…› In vermeintlichem Gehorsam gegenüber dieser Bibelstelle wälzten einzelne Täufer sich wie im Todeskampf auf dem Boden. Dass ein Täufer seinem Bruder – angeblich auf Gottes Gebot hin – den Kopf abschlug, bedeutete den Gipfelpunkt der religiösen Verwirrung.

Jetzt allerdings verbot der Rat jede täuferische Versammlung. Konrad Grebel selbst distanzierte sich von den Auswüchsen seiner Anhänger und veranlasste, dass dagegen gepredigt wurde. Eine Ernüchterung trat ein und führte zusammen mit der Angst vor der Strafverfolgung zu einer fast völligen Abkehr vom Täufertum. Nach 1530 werden Berichte über Täufer selten. Einige überzeugte St.Galler Täufer wagten die gefährliche Flucht nach Mähren, wo ihre Glaubensbrüder geduldet wurden. Konrad Grebel starb 1526 an der Pest. Ulimann wurde im Jahr 1530 jenseits des Bodensees auf der Flucht nach Mähren zusammen mit Gesinnungsgenossen, die mehrheitlich aus Gossau stammten, aufgegriffen und getötet.

Siebentes Kapitel

Der Neubau der Kirche

Kleiner Lagebericht Ende 1525

Am 28. Dezember 1525 strömten die Bürger der Stadt St. Gallen zusammen, um den Bürgermeister für das nächste Amtsjahr zu wählen. Die Stadt befand sich in einer schwierigen Lage. Das Verhältnis mit dem Abt war aus begreiflichen Gründen gespannt. Die katholischen Eidgenossen waren ungehalten über den kleinen Zugewandten Ort, der es wagte, in religiöser Hinsicht eigene Wege zu gehen. Dazu war die Frage der Erneuerung der Kirche in der Stadt selbst noch nicht völlig entschieden. Wohl wurde reformatorisch gepredigt und wollte die Mehrheit der Bürger nicht mehr katholisch sein. Aber das ganze Jahr 1525 hindurch war die Reformation nicht weiter vorangetrieben worden, weil man zu stark von den Täufern in Atem gehalten worden war. Zwar hatte man die Messe schon seit dem Mai 1525 nicht mehr gefeiert, da sie die Anhänger der Reformation für einen Missbrauch hielten. Das veranlasste die katholische Minderheit zu Klagen vor dem Siebnergericht (einer Art Untersuchungsbehörde). Es werde keine Messe mehr gelesen, hiess es darin; was man sich eigentlich habe zuschulden kommen lassen, dass einem alles weggenommen und nichts Neues dafür geboten worden sei. ‹Es mocht nit erlitten werden. Dann die kilch wer als wol iro (d. h. der Katholiken) als unnser und hett lützel gefelt, es wer ain sturm ussgangen.› Aber auch viele Anhänger der Reformation waren unzufrieden, weil für die Messe kein Ersatz geschaffen worden war. Dieses Beispiel zeigt, dass die reformierte Kirche erst im Werden und noch ungesichert war.

Vadian wird Bürgermeister

Es erstaunt nicht, dass am erwähnten Wahltag Vadian das Rennen machte. Nur er schien fähig, all die schwierigen Probleme zu bewältigen. ‹Uf diss jar ist zuo einem burgermeister erwelt der erwirdig, hoch- und wolgelert herr Doctor Joachim von Watt, Vadianus, welches wishait, gelerte und verstand wir zuo disen schwebenden und gefarlichen lofen (Zeitläuften) ganz notdurftig sind›, berichtet Kessler. Wegen Erkrankung seines Nachfolgers führte Vadian die Amtsgeschäfte bis im Sommer 1527. Und in den folgenden Jahren blieb er als Altbürgermeister, Reichsvogt und erneut als Bürgermeister stets eines der drei Stadthäupter. Er, der Humanist, Arzt und Reformator, widmete von jetzt an einen Grossteil seiner Arbeitskraft der Politik.

Die Festigung der Reformation

Die wichtigste Aufgabe, welche sich Vadian in seiner ersten Amtsperiode als Bürgermeister vornahm, war die Vollendung und Festigung der Reformation. Schon kurz vor seiner Amtsübernahme waren die fünfundzwanzig Geistlichen der Stadt aufgefordert worden, mit den Bürgern zusammen den Bürgereid zu leisten. Die Eidesleistung bedeutete die *Loslösung der Geistlichkeit von Bischof und Abt.* Der ‹ehrsame Rat› wurde neue, den Pfarrern ‹furgesetzte Oberkeit›. Der Rat wählte die Geistlichen und beaufsichtigte sie. Ein wichtiger Schritt im *Ausbau des Staatskirchentums* war damit getan. Nur zwei Priester verweigerten den Eid.

Als nächstes verfügte Vadian mit seinen Ratskollegen zusammen die *Beseitigung der Bilder aus St.Laurenzen.* Zwei Männer begannen ‹zuo nacht haimlich on gschrai vorzuo die klaineren und unachtbaren göttli› verschwinden zu lassen. ‹Göttli› nannten die Vorkämpfer der Reformation die Marien- und Heiligenfiguren, weil ihnen deren Verehrung als Götzendienst erschien. Gleichzeitig predigten die Pfarrer gegen den ‹grüwlichen, abgöttischen dienst›. Schliesslich gaben die Behörden den Befehl, auch die grossen Bilder und Statuen und die Altäre zu entfernen, allerdings nicht ohne zuvor die Zustimmung der Kirchgenossen eingeholt zu haben. Wehmütig mussten die Anhänger des Althergebrachten mitansehen, wie die Werkmeister der Stadt den grossen und prächtigen Hauptaltar, den richtenden Christus, den Altar der Schuhmacher und den Altar der Leinwandhändler, die zwei Jungfrauen Ottilie und Barbara, die Ritter Georg und Florian und vieles andere mehr hinaustrugen. Sie hatten das Gefühl, die reformatorisch Gesinnten hätten aus der Kirche ‹ainen höstadel und rossstall gemacht›. Den Anhängern der Reformation allerdings schien St. Laurenzen erst jetzt zum ‹suberen, rainen tempel› geworden zu sein. Das einzige, was sie der Kirche liessen, war ihr Name, obwohl dem Namenspatron in Gestalt einer mannshohen vergoldeten Statue das Schicksal der andern Bilder nicht erspart blieb. Ganz im Geiste der Reformation wurden *die Wände von St. Laurenzen mit Bibelsprüchen bemalt.*

Zwischenbemerkung

Der Liebhaber von Kunstdenkmälern wird diesen Bericht nur mit Trauer lesen. Unschätzbare Kulturgüter des Mittelalters gingen in der Reformationszeit in St. Gallen verloren. Dabei dürfen wir aber nicht ausser acht lassen, dass das Anliegen der Denkmalpflege jener Zeit unbekannt war. Bis ins neunzehnte Jahrhundert fühlte sich jede Generation berechtigt, Kirchen und andere Gebäude nach ihrem eigenen Geschmack einzurichten, ohne sich von den Vorfahren hemmen zu lassen. Ebenfalls im frühen sechzehnten Jahrhundert wurde in Rom die aus dem frühen Mittelalter stammende Basilika St. Peter abgebrochen, weil das altehrwürdige Gotteshaus dem heutigen Petersdom im Renaissance- und Barockstil Platz machen musste. In St. Gallen selbst wurde später die mittelalterliche Klosterkirche durch die heutige Kathedrale ersetzt. Auch sonst wurden viele Kirchen ‹barockisiert›, wobei ältere Kulturgüter in eine Ecke gestellt oder sogar vernichtet wurden. Vielleicht vergessen wir in der Gegenwart zu oft, dass Kirchen in erster Linie dem lebendigen Bedürfnis der betenden Gemeinde zu dienen haben. Gerade für echt religiöse Menschen sind Kirchen Gebäude für den praktischen Gebrauch und keine Museen.

Der Gottesdienst

Jetzt wurde auch *die liturgische Gestaltung des evangelischen Gottesdienstes* in Angriff genommen. Theodor Bätscher, einer der beiden Verfasser der Kirchen- und Schulgeschichte der Stadt St. Gallen, hat in der Stiftsbibliothek eine alte St. Galler Liturgie (von 1659) neu entdeckt, welche auf eine Vorlage aus der Reformationszeit zurückgeht. Sie betrifft den sonntäglichen Hauptgottesdienst. Schauen wir uns in ihr etwas um! Der Gottesdienst begann mit der Begrüssung der Gemeinde durch den Pfarrer. Gemeinsam legte dann die Gemeinde das Sündenbekenntnis ab, und sie betete laut das Unservater. Es folgten verschiedene Fürbitte- und Dankgebete. Auch die Verlesung der Zehn Gebote fehlte nicht, ebensowenig das gemeinsam ‹mit mund und hertzen› gesprochene Glaubensbekenntnis. Den Schluss bildete der Segen.

Im Zentrum des Gottesdienstes stand die Predigt. Würde man diese abschaffen, ‹so wer unser… Leeben eben als gut, als das leeben des unvernünftigen Viehs›, meinte ein damaliger Pfarrer. Hatten die Gläubigen Gott vor der Reformation vor allem im Messsakrament zu begegnen gesucht, so hoffte die reformierte Gemeinde auf Gottes Gegenwart im Wort. Natürlich fehlte auch das Glockengeläute nicht. Weniger selbstverständlich war, dass (ohne Orgel) gesungen wurde. Im damaligen Zürich war das nämlich verboten. *St. Gallen schuf das erste evangelische Kir-*

Predigt. Holzschnitt. 1531.

Kirchenlied von Johannes Kessler. Seite aus dem handgeschriebenen Vorsängerbuch von 1588. (Vad. Ms. 343 a.)

‹Uss tiefer not schry ich zuo dir.› Diese Nachdichtung Luthers von Psalm 130 war das erste evangelische Kirchenlied, das am 8. September 1527 in St. Gallen gesungen wurde. Aus dem handgeschriebenen Vorsängerbuch von 1580. (Vad. Ms. 343b.)

Evangelisches Abendmahl. Ausschnitt aus einem Holzschnitt von Lukas Cranach d. J. (1515–1586). Ähnlich wird die erste Abendmahlsfeier in St.Gallen nach der Reformation beschrieben.

chengesangbuch der Schweiz (vgl. die Abbildungen S. 78/79). Neben deutschen Nachdichtungen biblischer Psalmen enthält es auch einige Lutherlieder und einen tiefsinnigen, von Johannes Kessler gedichteten ‹Gsang vor Anfang der predig ze singen›. Im reformierten Gottesdienst wurde nur noch deutsch gesungen, gesprochen und gebetet.

Das Abendmahl

Nachdem zwei Jahre lang die Messe nicht mehr gelesen worden war, wurde an *Ostern 1527 das erste evangelische Abendmahl in St. Gallen* gefeiert. Bürgermeister Vadian empfing als erster Brot und Wein. Nach ihm traten die Männer und Frauen in getrennten Kolonnen nach vorne zum Tisch des Herrn. Der Kelch war allen Gemeindegliedern zugänglich (vgl. die Abbildung). Die Feier war ernst und einfach. Die Pfarrer waren mit ‹schlechten (schlichten) röcken beclaidet und erbarlich zuosamen gegürt›. Ein grösserer Gegensatz zu den prächtigen Messgewändern und der ganzen Augenweide der Messe lässt sich überhaupt nicht denken. Die Anhänger des Abtes klagten voll Entsetzen bei den katholischen Orten, ‹wie wir (d. h. die Anhänger der Reformation) in unser pfarr zuo St. Laurenzen für die empfachung des hochwirdigen sacraments habend an mostbrockenden ufgericht›. Frei übersetzt heisst das etwa, statt der hochwürdigen Messfeier werde zu St. Laurenzen ein Znüni abgehalten.

Angesichts der heutigen Diskussion um das Kinderabendmahl ist erwähnenswert, dass die Kinder an dieser ersten reformierten Abendmahlsfeier als Zuschauer willkommen waren. Kessler schreibt: ‹Sunst achten wir vast guot sin, das die jugend darby sy und nit usstriben werd zuozesechen.› Am folgenden Tag, am Ostermontag, wurde dann die Jugend unter zwanzig Jahren zu einer eigenen Abendmahlsfeier eingeladen. Eine Altersgrenze nach unten wurde damals nicht gezogen. Vätern und Müttern wurde lediglich ans Herz gelegt, nur Kinder zu schicken, die bereits ‹zimlichs verstand› hätten. Später wurde der Zugang zum Abendmahl von der Kenntnis der grundlegenden christlichen Glaubensinhalte abhängig gemacht.

Der Religionsunterricht

Auch in dieser Hinsicht wirkte St.Gallen bahnbrechend. Im Sommer 1527 wurde die systematische religiöse Unterweisung der Kinder eingeführt. Das hatte es bisher in der katholischen Kirche nicht gegeben. Und auch die jungen evangelischen Schwesterkirchen unternahmen in dieser Richtung erst zaghafte Versuche. Der Rat liess ein Büchlein drucken mit dem Titel ‹Ein christliche underwisung der Jugend im glouben, gegründt in der heiligen geschrifft, fragens wyss›. Das Büchlein war in Form von Fragen und Antworten aufgebaut, also in der Form eines Katechismus. *Der St.Galler Katechismus war einer der frühesten der Reformation*. (Vorbild war der Katechismus der böhmischen Brüder, die sich schon hundert Jahre früher von Rom getrennt hatten.)

Die erste Frage des Katechismus lautet: ‹Was bist du?› Antwort: ‹Eine vernünftige Kreatur und eine sterbliche.› Zweite Frage: ‹Warum erschuf dich Gott?› Antwort: ‹Damit ich ihn kennen und liebhaben sollte, um selig zu werden.› Dritte Frage: ‹Worauf steht deine Seligkeit?› Antwort: ‹Auf dem Herrn Jesus, dem wahren Sohn Gottes, auf welchem wir durch sein Wort auferbaut werden in drei gründlichen Tugenden.› Vierte Frage: ‹Welches sind diese?› Antwort: ‹Der Glaube, die Liebe und die Hoffnung.› Im folgenden werden das apostolische Glaubensbekenntnis, die Zehn Gebote, die Seligpreisungen, das Unservater, das Sakrament des Leibes Christi und die Taufe besprochen. Dazwischen befinden sich polemische Einschübe gegen Andersgläubige. Der Aufbau des Büchleins ist noch nicht so durchsichtig wie die erst nach ihm entstandenen Hauptkatechismen der Reformation (und der katholischen Reform). Trotzdem ist es eine bedeutende

Ein Christliche

vnderwisung der Jugêd

im glouben / gegründt in der
heiligen geschrifft/fragens wyß.

Luce am.xviij.spricht Christus.
Lond die Kinder zů mir komen vnd werend
jnen nit/den sölicher ist das rich Gottes.

Zůn Ephesern am.vj. Capitel.
spricht Paulus.
Ir vätter reytzend üwere Kinder nit zů Zorn
sonder erziehend sy vff/in der zucht
vnd vermanung an den
Herren.

‹Ein christliche underwisung der Jugend im glouben…› Titelblatt des *St.Galler Katechismus* von 1528.

Leistung. Die Eltern waren verpflichtet, ihren neun- bis fünf-
zehnjährigen Kindern den Katechismus abzufragen. Angesichts
des recht anspruchsvollen Inhalts war das keine leichte Aufgabe.
Kessler erzählt, wie Anna, seine Frau, den beiden Buben mit
Fleiss und Ernst beim Lernen des Katechismus behilflich gewesen
sei. Zu seinen Söhnen sagte er, dass sie nun ‹schier mer, dann
üwer alter ertragen solt›, wüssten.

Die Kinder sollten aber auch verstehen, was sie auswendig
lernten. Deshalb wurde *jeden Sonntag um drei Uhr nachmittags
eine ‹Kinderpredigt›* gehalten und der Katechismus Stück um
Stück erklärt. Die Pfarrer sangen Kirchenlieder mit den Kindern,
als erstes am 8. September 1527 den von Luther nachgedichte-
ten und vertonten Psalm ‹Uss tiefer not schry ich zuo dir›. Stolz
vermerkt Kessler, das sei das erste Mal gewesen, dass in St. Gallen ein Psalm auf Deutsch gesungen wurde. Die Kinderlehre war
geboren.

Ein Blick in den st. gallischen Alltag

Es ist Mittwoch. Morgens gegen sieben Uhr strömen ‹Weib,
Mann, Kind und Gesind› zum obligatorischen Gottesdienst nach
St. Laurenzen. (An den übrigen Werktagen werden ebenfalls
Gottesdienste abgehalten, doch ist ihr Besuch freiwillig.) Nur ein
paar kranke oder sehr alte Leute sind zu Hause geblieben, weil es
in der unheizbaren Kirche empfindlich kalt ist. Nach einer knappen Stunde ist die Predigt aus. Die Alten kehren in ihre warmen
Stuben zurück. Die Ratsherren in pelzverbrämten Umhängen
gehen zum Rathaus am Marktplatz, wo in Kürze die Mittwoch-
sitzung beginnen soll. Da entdecken einige der Herren einen
herumlungernden jungen Mann, offensichtlich einen Gottes-
dienstschwänzer! Entweder muss er eine Geldbusse bezahlen,
oder – falls er sich als zahlungsunfähig erweisen sollte – er wird in
den Turm gesteckt. – Johlend rennen die kleinen Buben ihrer
‹Deutschen Schule› zu. ‹Wisst ihr nicht, dass der Rat lautes

Schreien und Pfeifen verboten hat?› mahnen einige grosse Lateinschüler, die sich erhaben über die kleinen Lausbuben fühlen. Die Mädchen eilen zu ihrer ‹Maidtlinschuol›, wo sie sich im Singen, Schreiben und vor allem im Lesen üben. Auch sie sollen befähigt werden, in der Bibel zu lesen. Sie diskutieren eifrig, wer von ihnen wohl am kommenden Schulfest als Königin am Umzug mitgehen dürfe.

Jetzt beginnt das Tagwerk für die Weber, die Abzettler und die Garnsiederinnen. Auch die Leinwandschau beginnt. Genau wird hier geprüft, ob ‹die linwat ganz suber, fin und ganzlich on allen falsch sin›. In keiner andern Epoche ihrer Geschichte konnten die St. Galler Kaufleute auf den internationalen Märkten einen besseren Preis für ihr Tuch lösen. – Einige Handwerker allerdings kehren schon zu dieser frühen Stunde zu einem Becher Wein ins Wirtshaus ein. Nach sechs Uhr abends wird nämlich kein Wein mehr ausgeschenkt. Also verlegen manche das Trinkvergnügen auf die Arbeitszeit, was der Rat einschränken möchte.

Als letzter verlässt der Pfarrer die Kirche. Zu Hause erwartet ihn seine Frau. Seit kurzem erst sind sie verheiratet, nachdem die Frau vorher schon jahrelang als Dienstmagd und Lebensgefährtin im Pfarrhaus gewohnt hat. (Alle Pfarrer, die mit einer Frau zusammenlebten, mussten sie auf Befehl des Rates heiraten.) Wilde Ehen werden auch sonst nicht mehr geduldet. Auf Ehebruch steht drei Tage Haft bei Wasser und Brot.

Frauen, Töchter und Mägde, die nach dem Gottesdienst nicht sofort nach Hause gegangen sind, drängen sich mit ihren Körben vor den Marktständen. ‹Es ist och bisshär by richen und gmainen dochteren an missbruch gewesen, das sy ire herz vornen und hinden biss uf die brust, aine schandtlicher dann die ander… entdackend…›, entrüstet sich Kessler. Das gibt es jetzt nicht mehr. Alle Frauen sind ‹ganz süberlich allenthalben bedeckt›. Die Schuhmacher haben die Anweisung, die Schuhe nicht tiefer als um Dreifingerbreite oberhalb der Zehen auszuschneiden. Ein Teil der reichen Bürgerfrauen hat die prächtigen Roben und

Schmuckstücke für einen guten Zweck verkauft. Immerhin tragen einige Damen mit Erlaubnis des Rates samtene Kleider und seidene Strümpfe und etwas Schmuck. Aber auch sie arbeiten im Haushalt mit. Die erste Frau der Stadt, Martha von Watt-Grebel, geht ganz in ihren häuslichen Pflichten auf. Eine alte, treue Magd steht ihr dabei zur Seite. Am Nachmittag sitzen die Damen gerne in ihren ‹guten› Stuben, die mit Wandmalereien und farbigen Scheiben verziert sind. So ist es bei den reichen Bürgern Brauch. Familienwappen und biblische Szenen überwiegen. Die Damen beschäftigen sich mit Handarbeiten. Dass in ihren Stickereien oft biblische Motive vorkommen, zeigt, wie stark diese bürgerliche Stadtkultur von der reformatorischen Botschaft mitgeformt ist.

So geht jedermann seiner Tätigkeit nach. Müssiggänger, Invalide oder gar Bettler sieht man kaum mehr auf den Gassen, während sie, nach Kessler, früher in Scharen vor den Kirchen lagen oder die Häuser der Reichen belagerten. Auch vor der Reformation spendete man den Armen Almosen. Doch jetzt besteht eine planmässige Armenfürsorge. Kessler erzählt, wie schon im Jahr 1524 in St. Laurenzen ein besonderer Opferstock aufgestellt wurde. Ein Pfarrer belehrt die Gemeinde: ‹Als wenig die Sonn und d(a)z Feur on hitz und schein ist, als wenig auch d(a)z Wasser on feichtigkeit, als wenig kan auch ein warer Glaub on gutte Werk sein.› Nicht Gott gnädig zu stimmen soll der Sinn der Spenden sein, sondern ihm zu danken für die empfangenen Wohltaten. Die Gaben fliessen reichlich, und der ‹Stock› reicht für die verschiedensten Leute. Als erste werden die ‹husarmen› Bürger unterstützt, die es trotz Fleiss auf keinen grünen Zweig bringen. Wöchentlich einmal erhalten sie ein Geldgeschenk. Aus dem ‹Stock› werden aber auch die Aussätzigen im Presthaus im Linsebühl mit dem Notwendigsten versehen. Bei langer Krankheit

Simson mit dem Löwen und *Adam und Eva*. Zwei als Gegenstück zueinander geschaffene runde Monolithscheibchen des St. Galler Meisters Andreas Hör (1526–1577). Es handelt sich um schöne Beispiele für die von der Bibel geprägte bürgerliche Wohnkultur im reformierten St. Gallen. (Originale im Historischen Museum St. Gallen.)

oder im Wochenbett können auch weniger Arme mit einem Geldgeschenk oder einem Darlehen rechnen. Das schon im Mittelalter gegründete Heiliggeistspital wird kräftig unterstützt. Hier finden nicht nur Kranke Unterkunft, sondern auch alte Leute und Waisenkinder. Eine ‹Kindermuoter› kümmert sich um die ‹Spitalerbuoben›. Buben und Mädchen besuchen die spitaleigene Schule. Den Grösseren wird eine Berufslehre ermöglicht. Auch schwachbegabte Kinder werden im Spital gepflegt. Das Essen ist einfach. Täglich zweimal, morgens um sieben Uhr und abends um vier Uhr, wird jedem Kind Brot und eine Kelle voll ‹muoss› (aus ‹muossmel› ‹kochet, geschmalz- und gesalzen›) zugeteilt. Doch muss kein Spitalinsasse betteln gehen, wie das früher üblich war. Fremde Bettler sind noch nicht ganz aus dem Stadtbild verschwunden, obwohl man sie nicht gerne sieht. In der Regel aber lässt man sie nicht ohne Gabe ziehen.

Der Blick in den st.gallischen Alltag gibt uns eine Ahnung von der Frömmigkeit, der Sittenstrenge, dem Ernst und dem sozialen Verantwortungsbewusstsein der reformierten Stadt. Durch Sittenmandate (die es in milderer Form schon in den spätmittelalterlichen Städten gegeben hatte) versuchte der Rat, für Ordnung und das Wohlergehen aller Bürger zu sorgen. Ein französischer Forscher bemerkt dazu, die Reformation habe zwar die Klöster abgeschafft, dafür aber versucht, die Welt in ein Kloster zu verwandeln; dasselbe gelte von den volksmissionarischen Bemühungen der katholischen Reform unter Führung der Jesuiten und Kapuziner. Man kann annehmen, dass viele Bürger St.Gallens den neuen Lebensstil innerlich bejahten, wenigstens in den ersten Jahrzehnten nach der Reformation. Als der Abt im Jahr 1535 in St.Fiden für die Gotteshausleute eine ‹danzkilbinen› veranstaltete, mussten die Stadtbehörden allerdings energisch einschreiten, damit die Stadtbürger nicht in Scharen zu dem verbotenen Vergnügen liefen.

Achtes Kapitel

Der Übergriff auf die Klöster

Das Kloster St.Leonhard

Wir erinnern uns: Das Klösterchen der Feldnonnen zu St.Leonhard wurde am Palmsonntag 1525 von einer aufgebrachten Menschenmenge geplündert (vgl. das sechste Kapitel). Obwohl der Rat die Rädelsführer bestrafte, zwang er die Nonnen, zwei städtische Vögte zu ihrem ‹Schutz› anzunehmen. Die Behörden und Vadian persönlich versprachen den Nonnen aber, sie bei ihrem alten geistlichen Leben zu lassen.

Das Klösterchen St.Leonhard lag im Westen der Stadt ausserhalb der Mauer, aber noch auf Stadtboden (deshalb die Bezeichnung Feldnonnen). Zur Reformationszeit wohnten hier elf Frauen und eine Magd in einer vom religiösen Lebensstil des Franz von Assisi geprägten Gemeinschaft. Die meisten stammten aus einfachen städtischen Bürgerfamilien. Ihre ‹Frau Mutter› oder Oberin war die St.Gallerin *Wibrat Mörli* (nach dem Vornamen ihres Grossvaters Florian wird sie manchmal ‹Flurin› genannt). In einem Rechenschaftsbericht hat sie die stürmischen Ereignisse anschaulich geschildert.

Die Feldnonnen von St.Leonhard waren nicht reich. Sie besassen zwei Häuser, eine Kapelle und etwas Land, das sie teilweise selbst bearbeiteten. Aus ihrem eingebrachten Frauengut hatten sie Kapitaleinkünfte. Daneben verdienten sie sich ihren Lebensunterhalt wie viele St.Galler durch Weben. Sie verliessen ihr Kloster kaum. Für Besorgungen war die Magd da. Durch ein weltabgewandtes Gemeinschaftsleben, durch regelmässiges Gebet und geistliche Lektüre suchten sie ihr Ziel, die persönliche Heiligung und Ganzhingabe an Gott, zu erreichen.

Dank dem Eingreifen der Behörden blieben die Feldnonnen jetzt vom Pöbel verschont. Doch mischte sich der Rat von 1526 an gegen sein früheres Versprechen immer mehr in die inneren Verhältnisse des Klösterchens ein. Wiederholt erschienen die beiden städtischen Vögte, untersuchten Haus und Keller, verlangten die Wertschriften heraus und verboten die Aufnahme neuer Schwestern. Als die Nonnen Widerstand leisteten, lud man sie vor den Rat. Eingeschüchtert übergaben sie jetzt die Wertschriften ‹in einer beschlossnen trucken›. Dann schickte man ihnen einen reformatorisch gesinnten Prediger, verbot ihnen etwas später, ihren Beichtvater zu empfangen, und zwang sie schliesslich, jeden Sonntag nach St. Laurenzen zur Predigt zu kommen. Hierauf mussten sie die Kelche und Messgewänder verkaufen und das ‹Ewige Licht›, ein Öllämpchen, auslöschen. Stadtknechte räumten die Kapelle aus und holten die Glocken vom Turm. Zuletzt kam der Befehl, das Ordenskleid abzulegen. So zogen denn die Frauen ihren grossen, dunklen Hauptschleier, die weisse Umhüllung des Kopfes und das lange, aus grobem Tuch gefertigte und mit einem Strick umgürtete Habit aus und kleideten sich weltlich. ‹Was schrecken und haisser trachen (Tränen) wir liessent fallen ist got allain bekant. Den ruoften wir an mit betruopten hertzen.› Damit war das Klösterchen – äusserlich gesehen – aufgehoben. ‹… ward das schwöster Haus zuo S. Lienhart ouch reformiert›, schreibt Vadian. Dass eine Tragödie dahinterstand, wird in seinen knappen Worten nicht sichtbar.

Nach dem ersten Kappelerkrieg sollten die Frauen auch noch ihr Haus verlassen. Das forderte sie zu heftigem Widerstand heraus: ‹Wir hand lib und guot zusammengesetzt und lieb und laid mit einandren gehept, und grossen hunger und frost erliten und von ainer miternacht zuo der andren gewecket (gewacht) und ir wolten uns jetz also mit nuontz usstossen. Do ret der Watter (Vadian): Man wil uch das uwer geben. Do ret aine: Wenn ir mir schon das min geben, so wil ich nit us dem hus, ist non (nur) ain stotz (Klotz) uf der hofstat, so wil ich daruf sitzen.› Wibrat Mörli wurde daraufhin erneut vor den Rat befohlen. Sie verteidigte sich geschickt unter Berufung auf – ausgerechnet – die Bibel: ‹Ich kan es aber nit in dem Ewangely, noch in den botten gots finden, dass man aim das sin sol nemen…› Damit hatte Wibrat Mörli gewonnen. Die Frauen lebten weiter in ihrem Haus zusammen. Heimlich fuhren sie fort, ihren katholischen Gottesdienst zu feiern, fügten sich nach aussen aber in die reformierte Umgebung ein. Erst im Jahr 1566, nach dem Tod Wibrat Mörlis und der meisten ihrer Mitschwestern, fiel St.Leonhard an die Stadt, die in den Klostergebäulichkeiten später ein Zucht- und Waisenhaus einrichtete.

Die Haltung Wibrat Mörlis fordert unsere Hochachtung. Es tritt uns hier eine tiefreligiöse, beherzte und kluge katholische Persönlichkeit entgegen. Auch die andern St.Galler Nonnen hielten sich tapfer. Von den einundfünfzig vornehmen Dominikanerinnen zu St.Katharina blieben achtundvierzig katholisch. (Auch eine Schwester Vadians hatte in St.Katharina gelebt. Nach der Reformation trat sie aus und verheiratete sich.)

Rechtfertigungsversuche

Warum diese Härte gegenüber den Nonnen? Die st.gallischen Behörden rechtfertigten ihr Vorgehen mit dem Wohl der Frauen. Diese seien mehrheitlich Bürgertöchter, man sei also für sie verantwortlich. Hätte man ihre geschlossenen Klöster nicht geöffnet, wäre ihnen die evangelische Wahrheit unbekannt geblieben. *Überzeugung prallte gegen Überzeugung.*

Vadian selbst hat sich in seinen Schriften eingehend mit dem Klosterwesen auseinandergesetzt. In seiner ‹Äbtechronik› verschweigt er seine Bewunderung für die früheren gottesfürchtigen, bescheidenen und gelehrten St.Galler Mönche nicht. Für Niklaus von Flüe, der sich vielen Hilfesuchenden tröstend und beratend zuwandte, findet er sogar herzlich lobende Worte. Von den zu seiner Zeit lebenden Mönchen und Nonnen St.Gallens schreibt er aber: ‹Und wirt man keinen man Gotes weder im neuwen noch im alten testamente finden, der sich in söllich gefenknus, so fantästisches und onfruchtbares leben ie gestekt habe... Diss bruoder aber und schwösterlin... scheidend sich von Gottes Gebot, widersagend der liebe... Ein besser werk tuond die bärtling (unrasierte, ungepflegte Männer), die sich auf gelegen ort in die hölzer ziechend und bürsten, besen, ofenkruken und mausfallen machend, dann die begeinen (Feldnonnen) iemer tuon könnend, die ir heiligkeit dermassen ausgiessend...› Das abgesonderte, der Betrachtung gewidmete Leben, welches sowohl in den Frauenklöstern der Stadt als auch in der Abtei gepflegt wurde, erschien Vadian als ‹muoessiggang› und als ‹aufgeblasen leben underm schein grosses verdienstes›. Das Verständnis für eine Lebensweise, deren erstes Ziel die Selbstvervollkommnung war, fehlte dem tätigen Arzt und Politiker völlig. Ähnlich unfruchtbar erschien ihm jetzt auch sein früheres weltfremdes Gelehrtenleben in Wien.

In Vadians Äusserungen spiegelt sich der *Wandel des Menschenbildes an der Schwelle vom Mittelalter zur Neuzeit.* Im sechzehnten Jahrhundert wurden Kräfte freigesetzt, die zu einer völligen Umgestaltung der Welt führen sollten (Entdeckungen, Naturwissenschaften, Technik, neue Wirtschaftsformen). Heute wissen wir um die Zweideutigkeit dieser Entwicklung.

Dass die Stadt St. Gallen versuchen würde, das Benediktinerkloster in ihren Mauern aufzulösen, musste aufgrund des Vorangegangenen erwartet werden. Dieser Schritt war aber gewagter. Die Frauenklöster lagen auf Stadtgebiet. Wenn die städtischen Behörden ihnen ihren Willen aufzwangen, mochte das rechtlich (wenn auch nicht moralisch) vertretbar sein. Der *Übergriff auf die Abtei* bedeutete hingegen die Einmischung in einen anderen, souveränen Staat. Dass sich die Stadt dieses Wagnis meinte gestatten zu können, verstehen wir nach einem *Blick auf die allgemeine Schweizergeschichte.*

Die Eidgenossenschaft spaltet sich in zwei konfessionelle Parteien

Von Anfang an sahen die katholischen Orte den Übertritt der Stadt St.Gallen zur Reformation ungern. Bereits im Jahr 1524 wurde Vadian an der eidgenössischen Tagsatzung in Zug hart angefahren. Man schalt ihn einen ‹hoptketzer›. Da er sich seiner Haut nicht mehr sicher fühlte, flüchtete er unter Zurücklassung von Pferd und Gepäck ins nahe zürcherische Kappel! Im Herbst 1526 schrieben die katholischen Orte in einem Brief an die Stadt St.Gallen von dem ‹vergift lutherisch und bass zuo reden tüfelsch gloub›, der in ihr um sich greife. Die St.Galler möchten von ‹sollichen bösen dingen› abstehen. Ein Jahr später kündigten die katholischen Orte St.Gallen Schutz und Schirm auf.

Kein Zweifel: die Stadt fühlte sich jetzt bedroht. Um so mehr suchte sie Anschluss bei Zürich, das neben St.Gallen noch immer der einzige reformierte Ort der Eidgenossenschaft war, wenn man vom nicht vollständig reformierten Appenzell absieht. Auch Zürich war an eidgenössischen Tagsatzungen laufend schweren Vorwürfen ausgesetzt. Die beiden reformierten Städte schlossen sich infolgedessen enger als je aneinander an und ermutigten sich gegenseitig. Vadian als bedeutendster reformatorisch gesinnter ‹Laie› (d.h. Nichtpriester) der Schweiz wurde von seiner Vaterstadt und auch von Zürich gern überall in der Eidgenossenschaft eingesetzt, wo es zu verhandeln, zu schlichten oder neue Freunde zu gewinnen galt. So war er einer der Vorsitzenden des dreiwöchigen Berner Glaubensgesprächs vom Januar 1528, welches den Übertritt der mächtigen Aarestadt zur Reformation zur Folge hatte. Noch im gleichen Jahr unterschrieben Zürich und Bern das ‹christenlich burgrecht›, ein *konfessionelles Bündnis zur Verteidigung der Reformation.* St.Gallen schloss sich dem Bündnis an, wobei es schien, die Stadt (die an sich ja nur ein Zugewandter Ort war) sei gleichberechtigter Partner. Später stiessen auch Basel und Schaffhausen dazu.

Jetzt waren es die *katholischen Orte,* die sich von der reformierten Machtzusammenballung bedroht fühlten. Uri, Schwyz,
Unterwalden, Luzern und Zug, kurz die Fünf Orte genannt,
schlossen im Jahr 1529 ebenfalls ein *Verteidigungsbündnis* un-
tereinander, die ‹christliche Vereinigung›, nachdem sie bereits
seit dem Jahr 1524 ihre antireformatorische Politik aufeinander
abgestimmt hatten. Beide Konfessionsparteien fanden Bundes-
genossen ausserhalb der Eidgenossenschaft. Der St. Galler Abt
Franz Gaisberg fühlte sich nicht mehr sicher in seinem Kloster.
Noch immer ohne eigenes Stadttor, kam er sich als Gefangener
vor. Durch den religiösen Gegensatz waren die alten Wunden
zwischen Stadt und Abtei neu aufgebrochen und hatten sich vertieft. Schon im Jahr 1524 waren mehrere Mönche wohl unter
dem Eindruck der reformatorischen Botschaft aus dem Kloster
ausgetreten. Die Stadt beschwerte sich ihrerseits über die ‹lester-
lichen, verfürischen und hesslichen predigen› im Münster. Mit
einem Teil der Mönche verliess der Abt im Jahr 1527 die Stadt
und suchte zuerst in Wil Zuflucht. Dann zog er in sein Schloss in
Rorschach, wo er bald nach dem Bildersturm im Münster starb.

Der Bildersturm im Münster

Die Stadt St. Gallen verlor den letzten Rest von Ehrfurcht gegenüber ihrem einstigen Herrn. Sie wurde kühner, weil sie sich
seit dem ‹christenlich burgrecht› von mächtigen Freunden gedeckt fühlte. Unter Vadians Führung entschied sich der Grosse
Rat am *23. Februar 1529,* dem katholischen Gottesdienst im
Münster ein Ende zu bereiten. Noch am selben Tag schritt man
zur Tat.

Mittags um zwölf Uhr begaben sich die drei ‹Stadthäupter› ins
Kloster und eröffneten den wenigen zurückgebliebenen Mönchen, was beschlossen worden war. Im übrigen wolle man ihnen
nichts antun. Tief erschrocken setzten sich die Mönche zur Bera-
tung zusammen. Man liess ihnen keine Zeit, ihren schwerkran-

Bildersturm. Relief von Otto Münch an der Zwinglitüre des Zürcher Grossmünsters. 1935–1938.

ken Abt in Rorschach zu benachrichtigen. Inzwischen ging eine Gerüchtewelle durch die Stadt. Jung und alt lief im Münster zusammen. Es stand zu befürchten, dass es zu Tätlichkeiten gegen die Mönche kommen könnte. Da trat Vadian vor die erregte Menge. Er forderte das Volk auf, keine Hand an die Mönche zu legen. Gleichzeitig gab er den Ratsbeschluss bekannt, das ‹götzenwerk› aus dem Gotteshaus zu entfernen.

Jetzt war das Volk nicht mehr zu halten. ‹Siche zuo!› schreibt Kessler, ‹kum hat er sinen mund nach den letsten Worten beschlossen, iederman fiel in die götzen. Man reiss sy ab den altär, wenden und sülen; die altär werden zerschlagen, die götzen mit den axen zerschitet oder mit hämern zerschmettert; du hettest gemaint, es geschech ain feldschlacht. Wie war ain thümmel!… Was köstlicher, was subtiler kunst und arbeit ging zu schitern!› Kritik, ja sogar Trauer schwingt in diesem Bericht mit. Luther, bei dem Kessler studiert hatte, war nicht bilderfeindlich. Vierzig, nach andern Berichten sechsundvierzig Wagen voll ‹zerschlagner götzen› wurden auf den Brühl hinausgeführt und in einem Riesenfeuer verbrannt. Es war das Verdienst Vadians, dass die Bibliothek des Klosters mit ihren wertvollen Handschriften verschont blieb. Im Münster wurde zwei Wochen später der erste reformierte Gottesdienst gefeiert. Eine viertausendköpfige Gemeinde sang dabei den 51. Psalm: ‹O Herre Gott, begnade mich.›

So hatte also auch St.Gallen seinen Bildersturm! (Die Entfernung der Bilder aus St.Laurenzen war auf Veranlassung der Behörden und nicht tumultuarisch erfolgt.) Das Volk liess seinem Zerstörungstrieb freien Lauf. Vadian hätte lieber eine geordnete Räumung des Münsters gesehen. Wie beim Vorgehen gegen die Frauenklöster waren auch beim Bildersturm religiöse Motive mit im Spiel. Um ein solches Ereignis ganz verstehen zu können, müsste man sich aber zusätzlich tiefen- und massenpsychologischer Erkenntnisse bedienen.

In rechtlicher Hinsicht wurden folgende Gründe für die Beschlagnahmung der Klosterkirche, die zudem Mittelpunkt eines andern Staates war, ins Feld geführt: ‹Das münster sy ir offen lütkirch nach lut der sprüchen und verträgen› (Kessler). Vadian schreibt: ‹Das münster ist iewelten unser stat oberste Pfarr gsin.› In der Tat *nahm das Münster eine eigenartige Zwitterstellung* ein. In erster Linie war es Klosterkirche. Daneben diente es aber auch als Kirche für die Stadtbewohner. Stadtbürger hatten in der zweiten Hälfte des fünfzehnten Jahrhunderts den Bau des neuen Chores möglich gemacht, indem sie die dazu notwendigen Geldmittel zur Verfügung gestellt hatten. Sie besetzten auch das Amt des Münsterbaumeisters und waren für die Wache auf dem Münsterturm verantwortlich. Zudem besassen sie einen Schlüssel zum ‹hailtuom›, zu einer Kammer, die kostbare ‹zierden›, Reliquienschreine, Kelche und Kreuze, enthielt, welche sie zu einem guten Teil selbst gestiftet hatten. Wenn der Abt in seiner Klageschrift über den Frevel schreibt, die Rechte von Stadt und Abtei seien ‹durchschaidenlichen von enandern gesündert und geschaiden worden›, hat er die verwickelte Rechtslage zu seinen Gunsten vereinfacht.

Trotzdem: die Beschlagnahmung des Münsters und die weiteren Schläge gegen die Abtei bleiben der fragwürdigste Punkt in der St. Galler Reformationsgeschichte und mussten den sterbenden Abt und seinen Nachfolger aufs äusserste erbittern.

Neuntes Kapitel

Die Katastrophe von Kappel

Streitigkeiten um die Ostschweiz

Im Verlauf des Jahres 1529 verschärften sich die Gegensätze in der Eidgenossenschaft. Zürich und seine Freunde vertraten die Ansicht, den Gemeinden in den *Gemeinen Herrschaften* solle freigestellt werden, die Reformation ‹mit meerer hand›, also durch Abstimmung, anzunehmen oder zu verwerfen. Demgegenüber verteidigten die Fünf Orte die katholische Kirche. Im Rheintal, im Gaster und im Sarganserland, wo sich schon viele Untertanen für die Reformation entschieden hatten, kam es deswegen zu Reibereien.

Es ging aber auch um die Frage von Sein oder Nichtsein der *Abtei St. Gallen.* Zürich und seine Verbündeten förderten die Reformation auch im Fürstenland und im Toggenburg. Reformation und Klosterstaat liessen sich aber nicht unter einen Hut bringen. Vadian setzte sich grundsätzlich mit der Frage nach der Daseinsberechtigung geistlicher Fürstentümer auseinander: ‹Dan die Benedictiner mönch allenthalben wider irer ersten väter und anfenger willen, fürnemen, exempel und leer, ja wider irer regeln und satzungen uf richtuoumb gestelt, lüt und land zu besitzen, zitlich verwaltung zu fuoeren, das schwert zu bruchen, herrentitel an sich (zu) nemen und underwunden fund.› Insbesondere an Abt Ulrich Rösch sehe man, ‹was scharpfen klauwen die gaistlichen wölf tragint›. Überhaupt seien St. Gallens Äbte ‹vil mer krieger und todschleger› denn geistliche Führer gewesen. Vadian hielt also Mönchtum und weltliche Macht für unvereinbar. Dafür witterte er jetzt für seine Stadt die Gelegenheit, sich aus der äbtischen Umklammerung zu befreien und endlich einen grösseren Landstreifen um die Stadt herum zu erringen. Besassen nicht die befreundeten Städte alle ein Herrschaftsgebiet? Vadian und seine Mitbürger hatten nicht vergessen, dass sie vor dem Rorschacher Klosterbruch von 1489 und der darauffolgenden eidgenössischen Intervention von 1490 einige Dörfer und Güter ausserhalb der jetzigen vier Grenzkreuze besessen hatten. Vadian und seine Stadt waren also nicht frei von machtpolitischem Denken. Dagegen liegt es auf der Hand, dass die Fünf Orte und insbesondere die katholischen Schirmorte der Abtei, Schwyz und Luzern, die Erhaltung des klösterlichen Staatswesens wünschten.

So wurden die Streitigkeiten um die Ostschweiz zu einer der Hauptursachen des ersten Kappelerkrieges. Letzter Anlass war die *Hinrichtung des aus Uznach stammenden Pfarrers Jakob Kaiser auf dem Scheiterhaufen Ende Mai 1529 in Schwyz.* Kaiser war während gut sieben Jahren Pfarrer im zürcherischen Schwerzenbach gewesen. Da die Bevölkerung im Gaster, das eine Gemeine Herrschaft von Schwyz und Glarus war, reformatorisch gesinnte Prediger wünschte, hatte man ihm die Pfründe von Oberkirch bei Kaltbrunn übertragen. Die Kirchgenossen hatten ihn einstimmig gewählt (was sich selbstverständlich nicht mit den überlieferten kirchenrechtlichen Vorschriften gedeckt hatte!). Auf dem Weg zum Gottesdienst war er überfallen und nach Schwyz entführt worden. Er hinterliess drei Kinder, von denen das jüngste erst nach seinem Tod geboren wurde.

Der erste Kappelerkrieg und seine Folgen

Am 8. Juni 1529 erklärte Zürich den Fünf Orten den *Krieg.* Ein Teil der Truppen wurde in die Ostschweiz geschickt (vgl. das zehnte Kapitel), das Hauptaufgebot nach Kappel an der zugerischen Grenze. St. Gallen als Mitglied des ‹christenlich burgrecht› musste zweihundert Mann zu Hilfe schicken. Die st. gallischen Behörden nutzten die Gunst der Stunde, um das Kloster militä-

Die Kappeler Milchsuppe. Relief von Otto Münch an der Zwinglitüre des Zürcher Grossmünsters. 1935–1938.

risch zu besetzen. Auch das ‹hailtuom› blieb diesmal nicht verschont.

Der erste Kappelerkrieg verlief unblutig . Vom nachfolgenden *Frieden* wurden die Befürworter der Reformation begünstigt. Die Sieger setzten *für die Gemeinen Herrschaften das sogenannte Gemeindeprinzip durch,* d.h. jede Gemeinde hatte durch Mehrheitsbeschluss selbst über Annahme oder Ablehnung der Reformation zu entscheiden. Deshalb konnte sich die Reformation weiter ausbreiten. Eine *ostschweizerische Synode* wurde gegründet, die aus allen evangelischen Pfarrern der Region bestand. (Das Toggenburg hatte eine eigene Synode.) Im Dezember 1530 reiste Zwingli nach St.Gallen, um eine solche Synode persönlich zu leiten.

Was mit der Fürstabtei nach dem ersten Kappelerkrieg geschehen sollte, war im Friedensvertrag offengelassen worden. Die vier Schirmorte sollten darüber entscheiden. Am 23. August erschienen Boten der Schirmorte Zürich und Glarus in St.Gallen. Die Schwyzer und Luzerner blieben aus Protest fern. Im st.gallischen Rat entstand ‹ain grosser widerdriess›, als die Gäste ihre Karten offen auf den Tisch legten. Sie erklärten unumwunden, sie seien die Erben des Fürstabtes, obwohl nach dem Tode Franz Gaisbergs allen Widerständen zum Trotz ein Nachfolger gewählt worden war (vgl. das zehnte Kapitel). Die selbsternannten ‹Erben› Zürich und Glarus schlugen der Stadt St.Gallen vor, dass sie ihnen die Klostergebäulichkeiten für vierzehntausend Gulden abkaufen solle. Die Ratsherren waren verärgert und enttäuscht. Was war dieser Kauf im Vergleich mit den früheren hochfliegenden Plänen? Da aber Zürich viel mächtiger als die Stadt St.Gallen war, konnte St.Gallen seine Ansprüche nicht durchsetzen. Notgedrungen beschloss der Rat, ‹dass man im namen Gotz an die sach, mit inen ze überkomen, gon solte›. Vadian war vorsichtig genug, die vierzehntausend Gulden nicht auszuzahlen, sondern als Schuld stehenzulassen und mit fünf Prozent im Jahr zu verzinsen.

Der zweite Kappelerkrieg

Im Mai 1531 drängte Zwingli auf einen neuen Angriff gegen die Fünf Orte. Er traute ihnen nicht und wollte ihnen zuvorkommen. Vadian riet ab. Seine Handelsstadt versprach sich nichts von einem Krieg, nicht einmal im Falle eines Sieges der Reformierten. Dass Zürich St.Gallen nicht oder nicht mehr als ebenbürtigen Partner betrachtete und bei einer allfälligen Beuteverteilung links liegenliess, hatte man im Zusammenhang mit den Klostergebäulichkeiten erlebt. Ähnliches war nach einem neuen Sieg zu erwarten. Auch Bern war gegen den Krieg. Gegen den Willen Zwinglis einigten sich die Städte des ‹christenlich burgrecht› auf eine *Lebensmittelsperre gegen die Innerschweiz.* St.Gallen beteiligte sich nicht daran. Zwingli und Vadian ahnten, dass dieses Vorgehen die Fünf Orte erst recht herausfordern werde.

Um sich gegen die drohende Hungersnot zu wehren, erklärten die Fünf Orte am 9. Oktober 1531 Zürich den Krieg. Widerwillig musste St.Gallen erneut zweihundert Mann zu Hilfe schicken. Auf Gedeih und Verderb war die Stadt jetzt an Zürich gekettet. Der zweite Kappelerkrieg endete mit einer *vernichtenden Niederlage für die Anhänger der Reformation.* Zwingli und eine grosse Zahl von Reformierten waren tot. ‹Gott, walte, ein nüw wetter gat daher›, schreibt dazu Kessler.

Als Vadian die Unglücksbotschaft erfuhr, notierte er in sein Tagebuch: ‹Uf ainlif tag octobris geschach geschach die schlacht zuo Capel um die drü nach mittag.› Seine innere Erregung wird in der Verdoppelung des Wortes ‹geschach› sichtbar. Die folgenden Tage und Wochen gehörten zu den bewegtesten und ergreifendsten in seinem Leben. Kessler berichtet von der Erschütterung, die sein Freund erlitt, als ihm in Bremgarten, wo er für einen guten Frieden wirken wollte, die gegnerischen Friedensbedingungen mitgeteilt wurden: ‹... hat unser herr doctor Joachim von Watt von wegen unser gemainen statt, für die er vilfaltige sorg trag, sollichen schrecken darab empfangen, das er in schwere krankheit gefallen und mit luter stim gesprochen clagender wis: O ainer frommen gmaind San Gallen! und hiemit von dannen gen Zürich geritten, so schwach und sins selbs so gar vergessen das im nit wissend, wie er dahin kommen ist.› Schwer krank wurde Vadian nach Hause gebracht.

Während seiner Genesungszeit hatte Vadian Zeit zum Nachdenken. Seinen gefallenen Freund Zwingli kritisierte er jetzt deutlich. Die zürcherische Kriegsführung fand er unüberlegt und überstürzt. In seinem Tagebuch steht an dieser Stelle auf Griechisch das Sprichwort: ‹Eile mit Weile!›

Doch Vadian schürfte tiefer: ‹… dieweil uns doch der unfal ergriffen und Got mit siner ruoten uns der mass haimgsuocht.› Weiter schreibt er, in Kappel seien vierundzwanzig reformierte Pfarrer umgekommen, ‹an welcher straf Got wol anzaiget hat, dass die diener des Wortz nit zuo krieg, sonder zuo friden richten und leren sölind.› Vadian wurde von Kappel nicht wie vom Blitz aus heiterem Himmel getroffen. Er bekannte, dass die Reformierten – und dazu gehörte auch er – Schuld auf sich geladen hatten. Gott selbst hatte strafend eingegriffen. Im Elend zeigte sich Vadian als vom Evangelium geprägter Mensch, der sich unter Gott und sein Gericht beugte.

Dass viele Menschen in St.Gallen ähnlich nachdenklich gestimmt waren, bezeugt eine Mitteilung Kesslers aus derselben Zeit: ‹Diewil wir arme menschen baide, weder gaistlicher nach liblicher dingen nichts haben, des wir uns als aigen beruomen mögen, sunder alles der guottigen hand Gottes, die alle ding umbfasset, erwarten muossen, ist not und billich, das wir durch Jesum Christum, unseren ainigen mittler, für Gott tretten, unseren gnedigen vattern, mit flissigem bitt und flehen aller unser anligen eroffnende, von im hilf und trost ze begeren.› Deshalb sei ‹zuo diser jamerlichen und ergerlichen zit und vorab in dem, so ain Aidgnoschaft mit kriegscher embörung gegen anandren zuo

Zwinglis Tod am 11. Oktober 1531. Relief von Otto Münch an der Zwinglitüre des Zürcher Grossmünsters. 1935–1938.

feld ussgezogen, ain gemain morgengebett umb die V (morgens um fünf Uhr) angesechen, nit allain dise zerwürfnus und ergernuss zu niderleggen, sunder für alles anliggen der allgemainen christenlichen kirchen ernstlich bitt ze halten, och damit man Gottes worts und willens dester ee möge erinneret werden… Gott erhöre unser bitt und gebe das gedijen zuo hailigung sines nammens und volstreckung unsers hails. Amen.›

Die Folgen des Krieges für die Stadt St. Gallen

Der *zweite Kappeler Landfriede* brachte für die Reformation in der st.gallischen Landschaft grosse Rückschläge (vgl. das zehnte Kapitel). Für die Stadt verlief die Angelegenheit glimpflich. Die Fünf Orte erwiesen sich als erstaunlich weise und massvoll. Die Städte des ‹christenlich burgrecht› durften evangelisch bleiben. Die schlimmsten Befürchtungen Vadians trafen nicht ein.

Nun galt es, mit dem *neuen Abt Diethelm Blarer* zu einer Verständigung zu kommen. (Kilian Germann, der unmittelbare Nachfolger Franz Gaisbergs, war beim Durchreiten der Bregenzer Ach ertrunken.) Abt Diethelm forderte das Kloster zurück. Auch verlangte er ein Schadengeld, das in zähen Verhandlungen in Wil auf zehntausend Gulden hinuntergedrückt werden konnte. Auch so kam das viele St. Galler sauer an. Vadian überzeugte seine Mitbürger, dass Nachgeben das einzig Vernünftige sei. Hauptsache war in seinen Augen: *die Reformation in der Stadt war gerettet.*

Am 1. März 1532 kehrte der Abt mit den Mönchen ins Kloster zurück. Zuvor ‹begert man an al burger, …nit nachi loufen›. So war es in der Stadt gespenstisch ruhig, als der Abt durch die Gassen ritt. Nur im Münsterturm läuteten die Glocken. Vadian, der in diesem Jahr zum dritten Male Bürgermeister war, fiel die peinliche Aufgabe zu, den Abt zu empfangen. ‹Da gab man anander vil guoter worten, und erbutend wir uns fründschaft und fridens... Wie er (der Abt) aber unser... ratzfründ zuo gast luod, schlöuftend sie sich mit guoten worten uss und danktend vast.› Höflichkeit und Distanz charakterisieren die denkwürdige Begegnung.

Im Münster wurde wieder die Messe eingeführt. Die Bibelsprüche an den Wänden wurden übertüncht, dafür neue Bilder aufgehängt und Altäre aufgestellt. Eine weitere Massnahme des Abtes hatte zeichenhaften Charakter: ‹Bald hat er des clausters becirc, wo die muren zuo strass und gassen ufgebrochen, widerumb infachen und vermuren lassen› (Kessler). Abtei und Stadt lösten sich in den folgenden Jahrzehnten endgültig voneinander. Es durften keine Priester des Klosters mehr auf Stadtboden wohnen, wie das früher selbstverständlich gewesen war. Den knapp zweihundert Frauen und fünfzig Männern, die gerne wieder die Messe im Münster besucht hätten, wurde dies verboten. Umgekehrt bestimmte jetzt der Abt den Münsterbaumeister. Fortan besass nur er einen Schlüssel zum ‹hailtuom›. Gegen 1570 bekam er endlich sein längst gewünschtes eigenes Tor in der Stadtmauer, das Karlstor.

Lichtblicke

Im Jahr 1586 schlug der Blitz in den Münsterturm ein. Die Bürger der Stadt halfen dem Abt beim Feuerlöschen. Vom gleichen Abt schreibt der st.gallische Ratsschreiber, er habe sich ‹je und allweg fründlich und nachpürlich gegen mine herren erzaiget›. Die alte Tradition der gegenseitigen Geschenke wurde wieder aufgenommen. Im Jahr 1578 liess der Abt den Stadtbürgern einen schönen Ochsen übergeben, der geschlachtet, auf die Zunftstuben verteilt und gegessen wurde. Das Gegengeschenk bestand in einem kostbaren Stück Leinwand.

Der Gedanke *religiöser Toleranz* begann langsam Fuss zu fassen. Im Jahr 1570 besuchte der berühmte Kardinal Karl Borromäus das Kloster St.Gallen, um hier wie überall die ‹katholische

Reform› voranzutreiben. Mit scharfem Blick und wenig erfreut erkannte er die eigenartige Lage der beiden im Glauben getrennten, aber doch miteinander verbundenen Gemeinwesen:

‹In dem Landstrich oberhalb des Bodensees gegen den Rhein, der zur Schweiz gehört, liegt St. Gallen, ein weites, freies Gelände, ganz zwinglianisch. Grossen Fleiss verwenden sie darauf, den Protestantismus zu erhalten. Alle Tage wird gepredigt, wobei während der Predigt die Verkaufslokale geschlossen werden; des Sonntags wird dreimal gepredigt… Der Abt hat seine Residenz in der Abtei St. Gallen, die unmittelbar neben der Stadt liegt, aber durch eine Mauer von ihr getrennt; doch hält dies weder den Abt noch die Seinen ab, mit den Irrgläubigen zu verkehren und sich gegenseitig zu Gast zu laden.›

Zehntes Kapitel

Ein Blick auf die Landschaft

Vorbemerkung

Es würde den Rahmen dieser ‹Kleinen St. Galler Reformationsgeschichte› sprengen, wenn wir die Vorgänge im ganzen Gebiet des heutigen Kantons St. Gallen ausführlich darstellen wollten. Wir beschränken uns auf *die grossen Linien und einige Beispiele.* Dem eingehend Interessierten mögen sie als Rahmen für die zahlreich vorliegenden Einzeldarstellungen dienen.

Noch einmal: die politische Lage

Vergegenwärtigen wir uns in Fortsetzung des im ersten Kapitel Ausgeführten, wer in den einzelnen Gebieten regierte! Es gab folgende politische Einheiten (vgl. die Karte):
1. Die *Stadt St. Gallen.*
2. Die *Fürstabtei St. Gallen* mit ihren Untertanengebieten Fürstenland und Toggenburg. Das *Fürstenland* wurde auch ‹Alte Landschaft› genannt und reichte von Wil bis nach Rorschach. Das *Toggenburg* erstreckte sich von Flawil/Uzwil/Schwarzenbach bis nach Wildhaus.
   Zürich, Luzern, Schwyz und Glarus übten als die vier Schirmorte eine Mitherrschaft aus. In zweijährigem Turnus stellte je einer dieser Orte den Schirmhauptmann.
3. Die *Stadt Rapperswil* war als Zugewandter Ort mit den drei Waldstätten und Glarus verbunden. *Vor* der Reformation konnte sich Rapperswil innerlich frei verwalten und hatte in der Eidgenossenschaft dieselbe Stellung wie Stadt und Abtei St. Gallen.

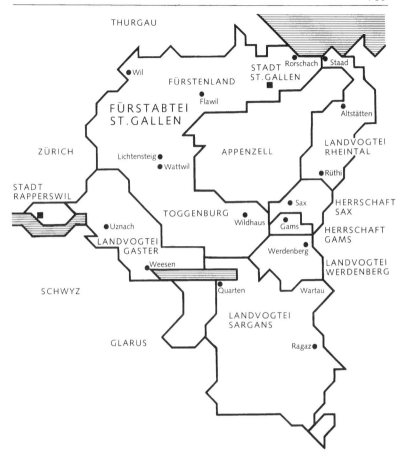

4. Die Landvogtei *Gaster* (mit Uznach und Weesen) war eine Gemeine Herrschaft von Schwyz und Glarus.

5. Die Landvogtei *Sargans* war eine Gemeine Herrschaft der Sieben Orte (Uri, Schwyz, Unterwalden, Luzern, Zug, Glarus und Zürich). Sie erstreckte sich von Quarten bis nach Ragaz. Die Herrschaft *Wartau* gehörte nicht im strengen Sinn zur Landvogtei, stand aber ebenfalls unter der Oberhoheit der Sieben Orte und wurde von Sargans aus verwaltet.
Die Sieben Orte stellten abwechselnd in zweijährigem Turnus den Landvogt.

6. Die Landvogtei *Werdenberg* war ein Untertanengebiet von Glarus. Sie reichte von Grabs bis nach Sevelen. Glarus hatte aber auch in der *Wartau* gewisse Sonderrechte, z.B. als Kirchherr.

7. Die Herrschaft *Gams* war eine Gemeine Herrschaft von Schwyz und Glarus und wurde vom selben Landvogt wie das Gaster verwaltet.

8. Die Herrschaft *Sax* war im Besitz einer einzelnen adligen Familie, der Freiherren von Hohensax. Die Herrschaft umfasste die Gemeinden Sax, Frümsen, Salez und Sennwald. Die Freiherren von Hohensax waren eng mit Zürich verbunden (im Jahr 1486 wurde Ulrich von Hohensax Bürger von Zürich), weshalb sich Sax praktisch nicht von einem Zugewandten Ort unterschied.

9. Die Landvogtei *Rheintal* war eine Gemeine Herrschaft der Sieben Orte und zusätzlich von Appenzell. Sie umfasste das untere Rheintal von Rüthi bis nach Staad. Auch hieher schickten die acht an der Herrschaft beteiligten Orte abwechslungsweise für je zwei Jahre einen Landvogt.

In den Gemeinden Altstätten, Marbach, Balgach und Berneck, teilweise auch in St.Margrethen und Montlingen-Oberriet besass der Abt von St.Gallen viel Grundbesitz. Diese Gemeinden mussten deshalb einen grossen Teil ihrer Abgaben an den Abt, nicht an den Landvogt entrichten.

Die Verhältnisse in diesen ländlichen Gebieten waren im einzelnen sehr unterschiedlich. Etwas aber hatten (mit Ausnahme von Rapperswil) alle gemeinsam: die *fehlende politische Freiheit.* Der Abt und die regierenden Orte liessen sich durch Landvögte vertreten, welche unter anderem stets die hohe Gerichtsbarkeit (Blutgericht) ausübten. Man wird zwar in der Regel nicht sagen dürfen, dass die Untertanengebiete geradezu unterdrückt und ‹ausgebeutet› wurden. Es gab Ansätze zu dörflicher Selbstverwaltung. Im Gaster und im Toggenburg übten einheimische

Landräte sogar ein gewisses Mitspracherecht aus. Doch der Unterschied etwa zum vollberechtigten Ort Appenzell, welcher den Bewohnern der ländlichen Gebiete als lebendiges und nahes Beispiel vor Augen stand, war beträchtlich.

Im Leben des einfachen Mannes äusserte sich die politische Unfreiheit vor allem in der *Verpflichtung zu verschiedenartigen Abgaben*. Grundzinsen und Gerichtsgebühren wurden eingezogen. Der grosse Zehnten, der jedes Jahr fällig wurde, bestand aus Getreide, Heu und Wein, der kleine Zehnten, der ebenfalls alljährlich abgeliefert werden musste, aus Gemüse, Früchten, Butter und Honig. Teilweise wurden diese Einnahmen zwar zum Nutzen der Untertanen eingesetzt, z. B. für den Strassenunterhalt. Da man aber nicht mitbestimmen durfte, war man sich über diese Zusammenhänge häufig nicht im klaren.

Der Abt von St.Gallen pflegte von alters her noch den sogenannten ‹Todfall› einzuziehen, d. h. beim Tod eines Untertanen hatte die Familie das beste Stück Vieh oder das beste Gewand herzugeben. Dass der Abt in den Anfangsjahren der Reformation darauf bestand, den ‹Todfall› von Rheintaler Bauern einzuziehen, die in seinem Dienst auf den Schlachtfeldern Oberitaliens gefallen waren, führte zu einer schweren Missstimmung im Volk. Die Kritik der Reformatoren am Mönchtum und damit indirekt auch am Abt fiel allein schon aus diesem Grund auf fruchtbaren Boden.

Es gärt in der Landschaft

In den Städten Zürich und St.Gallen war die Reformation in ihren Anfängen eindeutig eine echte Glaubensbewegung gewesen. Politischen Anstrich erhielt sie erst im Lauf der Zeit. Auf dem Land war es eher umgekehrt. Es enstand eine *Aufstandsbewegung unter den Bauern*, bei der politische und soziale Wünsche zuerst überwogen. Bereits im Jahr 1523, als man wohl noch nicht viel von der reformatorischen Predigt vernommen hatte, weigerten sich einige Bernecker Bauern, den Heuzehnten abzuliefern. Die Fürstenländer konnten an die eigene Vergangenheit anknüpfen. Unter der Führung des rothaarigen Bauernführers ‹Fuchs› Gerster hatten sie im Jahr 1489 zusammen mit den Appenzellern und den Stadt-St.Gallern den Klosterneubau in Rorschach gebrochen. Am 1. Mai 1525 forderte eine fürstenländische Landsgemeinde unter der Leitung desselben, jetzt ergrauten Otmar Gerster den Erlass des kleinen Zehnten und des ‹Todfalls›. Auch die Freigabe von Jagd und Fischerei wurde gefordert. Der Zorn der Bauern ergoss sich besonders über Dr. Christoph Winkler, der als Rechtsberater des Abtes die Abgaben heftig verteidigte. Frühmorgens drangen die Bauern in sein vor der Stadt gelegenes Haus, um ihn in ihre Gewalt zu bringen. Doch Winkler hatte für solche Fälle vorgesorgt. Zwischen Kellergewölbe und darüberliegendem Fussboden hatte er ein mit Proviant wohlversehenes Versteck angelegt, in das er sich verkroch. Wütend über seine scheinbare Flucht begannen die Bauern zu plündern und alles kurz und klein zu schlagen, bis ein Teilnehmer an dieser Ausschreitung durch Zufall mit seiner Halbarte durch den Boden stach. Jetzt verriet Winkler sich durch lautes Geschrei. Die Bauern nahmen ihn gefangen.

Im gleichen Jahr erklärte der Melser Jörg Wüesti, ‹der vorderst und oberst› in den ‹uffrüerischen händlen› im Sarganserland, seinen Dorfgenossen: ‹Folgend mir und lond mich machen, so wyl ich unns vom zächenden erretten.› – ‹Unsere lüt von Werdenberg wurdens ouch gereizt uss der süessi der fryheit, so si sachend an den klösterbrechern und fiengend an zu gmeinden›, berichtet ein Chronist. Das letzte Zitat lässt ahnen, dass die Aufstandsbewegung wohl schon früh religiös untermauert wurde. *Reformatorisches Gedankengut verbreitete sich auch in der Landschaft.*

Schon im Jahr 1523 klagte der Abt über den ‹Missglauben› unter seinen Untertanen. Ein Jahr später scheint die reformatorische Lehre in der Umgebung der Stadt St.Gallen und im Rheintal bereits stark verbreitet gewesen zu sein. In einigen Gegenden spielte der *Einfluss der Täufer* eine wichtige Rolle. Dem Täufer Krüsi, Lehrer an der Lateinschule in Wil, wurde von der Untersuchungsbehörde vorgeworfen, er predige in der äbtischen Landschaft dem ‹gemain, onverstendig mentsch, das es kainer oberkeit mehr gehorsam› sein müsse. Es kam vor, dass die Abschaffung der Zehnten mit der Bibel begründet wurde, was für viele Bauern eine hocherfreuliche Botschaft war. ‹Das da›, sprach einer zum andern, ‹das ist das recht Evangeli. Lueg, lueg, wie hant die alten Pfaffen gelogen und falsch geprediget, man sollt die Buben alle zu todt schlagen, wie hant sie uns also herrlich betrogen und beschissen.› *Das religiöse Anliegen verband sich* also *mit den politischen und sozialen Forderungen.* Die Bauern liessen sich gern von einem Evangelium überzeugen, von dem sie annahmen, es bringe ihnen nicht nur innere, sondern auch äussere Befreiung.

Im Jahr 1525 erreichte der Aufruhr seinen Höhepunkt. Er flaute rasch ab, nachdem der gleichzeitige deutsche Bauernaufstand mit Waffengewalt unterdrückt worden war. Die Herren – Abt und regierende Orte – wiesen nicht nur die Begehren der Bauern ab, sondern sie bestraften auch die Anführer mit empfindlichen Bussen oder Verbannung. Die Freiheitsideen wurden im Volk nicht vergessen. Doch der religiöse Reformgedanke trat jetzt in den Vordergrund. *Echte Bibelbegeisterung* ergriff fast gleichzeitig mit der Stadt auch die Landschaft. Noch im selben Jahr 1525 richteten die Fürstenländer die treuherzige Frage an den Abt, ob er sie beim heiligen Gotteswort, bei dem Evangelium, der Heiligen Schrift und der göttlichen Wahrheit bleiben lassen und mit ihnen danach leben wolle.

Die Vorkämpfer der Reformation in der st.gallischen Landschaft

Wenn in einer Gemeinde oder Region der Schritt zur Reformation gewagt wurde, lassen sich die verschiedenen Beweggründe im Einzelfall schwer auseinanderhalten. In den meisten Fällen waren auch *starke Persönlichkeiten* an der Glaubensbewegung beteiligt.

An erster Stelle sind die Seelsorger zu nennen, welche sich in ihren Predigten zur reformatorischen Botschaft bekannten und dadurch grossen Einfluss auf die Bevölkerung nahmen. Es sei an Jakob Kaiser in Oberkirch erinnert und an Zwinglis Freund und ehemaligen Lehrer Gregor Bünzli, der in Weesen die Reformation anbahnte und dem auch seine religiösen und politischen Gegner nichts persönlich Nachteiliges vorwerfen konnten. Im Sarganserland machte Johannes Brötli, Kaplan oder, wie er sich selber nannte, ‹Wächter der Seelen und Bischof› zu Quarten, durch seine bereits im Jahr 1523 vollzogene Eheschliessung viel von sich reden. (Er stammte aus Sevelen, hatte in Basel studiert und schloss sich nach seiner Vertreibung durch den Landvogt in Zollikon bei Zürich der täuferischen Bewegung an. Es gelang ihm, fast die ganze Gemeinde Hallau dem Täufertum vorübergehend zuzuführen. 1528 wurde er wegen seines Glaubens verbrannt.) Brötlis Amtsbruder in Flums, der robuste Martin Mannhart, war ein leidenschaftlicher Verkündiger des Evangeliums. Weil er in seinen Predigten kein Blatt vor den Mund nahm, musste sich die eidgenössische Tagsatzung mehrmals mit ihm befassen. (Er wurde später Pfarrer im Zürcher Oberland.) In Mels wirkte Pfarrer Jost Kilchmeyer. Er war ein entschiedener Anhänger der Reformation und verstand es in seiner besonnenen Art, fast die ganze Gemeinde um sich zu einen. (Als Rapperswil kurz vor dem zweiten Kappelerkrieg zur Reformation überging, wurde er an die dortige Stadtkirche berufen.)

Der Wartauer Pfarrer Johannes Hewer brachte innerhalb der Landvogtei Sargans (im weiteren Sinn) als erster, d.h. jedenfalls nicht später als 1528, den Übertritt seiner ganzen Kirchgemeinde zur Reformation zustande. Trotz schweren Anfeindungen liess sich die Gemeinde Wartau nicht mehr von diesem Beschluss abbringen. Johannes Hösli war von 1520 bis 1550 reformatorisch gesinnter Pfarrer in Sevelen. In den zwanziger Jahren

Inschrift über dem *Portal der evangelischen Kirche in Azmoos.* Wartau war die einzige Gemeinde in der Landvogtei Sargans, die gegen alle Widerstände an der Reformation festhielt. Mit dem ‹alten glouben› ist hier der evangelische gemeint. (Aufnahme: Volker Morf.)

Pfarrer Johann Valentin Furtmüller (1497/98–1566). 1528–1532 war er evangelischer Pfarrer in Altstätten, 1532–1534 in Rorschach. Später war er Pfarrer an St.Laurenzen. (Original in der Kantonsbibliothek [Vadiana] St.Gallen.)

wurden Hewer und Hösli wegen ihres Eintretens für die Reformation vorübergehend ins Gefängnis gesetzt. Pelagius Amstein, Pfarrer in Goldach und dann in Trogen, brachte den Rheintalern im Jahr 1524 als einer der ersten die reformatorische Botschaft. Er stellte sich zu diesem Zweck an die appenzellische Grenze in Grub, am Ruppen und am Kapf, wohin die Rheintaler in Scharen hinaufgestiegen kamen.

Ein unerschrockener Mann war Johann Valentin Furtmüller, der 1528–1532 als evangelischer Pfarrer in Altstätten wirkte. Er wagte es, selbst hochgestellten Amtspersonen ins Gewissen zu reden. Sein späterer Lebenslauf zeigt, dass er es vorzog, vorübergehend als Tischler seinen Lebensunterhalt zu verdienen, wenn er gegen sein Gewissen hätte predigen müssen. ‹Diser Fortmüller prediget das Evangelium zu Alltstetten imm Rhyntaal mitt sömlicher frucht›, schrieb ein zeitgenössischer Chronist. Obschon er es sich selbst und andern nicht leicht machte, schätzte ihn Vadian sehr und kümmerte sich um ihn.

Christoph Landenberger, Pfarrer in Oberbüren im Fürstenland, wurde im Jahr 1525 in Luzern gefoltert, weil er Schmähreden gegen den Katholizismus geführt hatte, was ihn aber nicht davon abhielt, weiter zur reformatorischen Überzeugung zu stehen. Eine gebildete, vom Anliegen der Reformation hochbegeisterte Persönlichkeit war der Hundwiler Walter Klarer, der für kurze Zeit in der grössten Pfarrei der äbtischen Landschaft, in Gossau, wirkte. Es erfüllte die Gemeinde mit tiefer Trauer, als er nach dem zweiten Kappelerkrieg verhaftet und aus Gossau entfernt wurde.

Aus dem Toggenburg erwähnen wir Blasius Forrer. Er war Pfarrer in Stein und ein Freund Zwinglis. Im Jahr 1529 wurde er von einem Gegner so schwer misshandelt, dass er seinen Verletzungen erlag. Vergessen dürfen wir auch nicht Johannes Dörig, den streitbaren Pfarrer von Hemberg. Zu Vadians Hochzeit verfasste er ein Gedicht. Als ihn der Bischof von Konstanz wegen seiner reformatorischen Predigt vom äbtischen Gericht verhören lassen wollte, antwortete ihm Dörig: ‹Was ich dir schuldig sig, du Erzschalk! will und kan ich jetz dir nit schriben; da ich anders zu thun hab, dass ich umsichtig sig, dass der höllisch Wolf die mir befelchene Christenschaaf nit zerstreu und verletze . . .›

Auch einzelne *ländliche Amtspersonen* erwiesen sich als Vorkämpfer der Reformation. Beispiele sind der Stadtschreiber Heinrich Steiger von Lichtensteig, der mit Zwingli in brieflicher Verbindung stand, und der draufgängerische und herrische Ammann Hans Vogler in Altstätten, welcher für den eigentlichen Reformator der Landvogtei Rheintal gehalten wird. Mit Pfarrer Furtmüller kam er nicht immer gut aus.

In Sax hing der Übertritt zur Reformation vom *Landesherrn,* Ulrich von Hohensax, ab. Nachdem der Freiherr die Reformation eingeführt hatte, fiel er nach der Niederlage der Reformierten in Kappel wieder von ihr ab. Sein Sohn wurde dann wieder reformiert. Die Untertanen mussten diese Kehrtwendungen jedesmal mitmachen! Im Werdenberg war es ebenfalls der Landesherr, der glarnerische Landvogt Jost Tschudi, der im Jahr 1529 die Reformation von oben her einführte. In den andern Gebieten waren die Landesherren, d. h. der Abt und die Landvögte, sämtliche ein Hindernis für die Reformation, da sie katholisch waren und blieben.

Der Einfluss der Städte St.Gallen und Zürich

Es versteht sich von selbst, dass die reformierte *Stadt St.Gallen* eine grosse Ausstrahlungskraft auf die nächste äbtische Umgebung hatte. Die Leute von Straubenzell, Tablat und Wittenbach waren Kirchgenossen von St.Laurenzen. Als die Rorschacher einen reformierten Prediger wünschten, trat ihnen die Stadt Jakob Riner ab. In der Stadt nahm man auch lebhaften Anteil am Fortschreiten der Reformation in der Landschaft. Vadian und Kessler zeichneten sorgfältig auf, was ihnen zu Ohren kam. Als im Jahr 1528 ein Teil der Rheintaler Gemeinden in Marbach eine

Abstimmung über den Glauben veranstaltete, schickte die Stadt einen Beobachter. Seit dem Bestehen der Ostschweizer Synode mit Sitz in St.Gallen verstärkte sich der Zusammenhang zwischen der Stadt und den reformierten Landgemeinden. Helfend griff die Stadt ein, als nach dem zweiten Kappelerkrieg viele Gemeinden in Bedrängnis gerieten.

Doch nicht nur die Stadt St.Gallen, sondern auch *Zürich* – und in Zürich besonders der Reformator *Zwingli* selbst – beeinflussten den Gang der Reformation in der st.gallischen Landschaft. Zwingli muss eine selten anziehende, ja bezaubernde Persönlichkeit gewesen sein. Es versteht sich, dass ihm seine Toggenburger Landsleute am Herzen lagen. In immer neuen Briefen wandte er sich an seine Verwandten und Freunde und versuchte, sie für die Reformation zu gewinnen und in ihren einmal gefassten Beschlüssen zu stärken. Nachdem der Toggenburger Landrat im Jahr 1524 die Seelsorger zu schriftgemässer Predigt aufgefordert hatte, schrieb er ihm erfreut: ‹...Ich sag Gott Lob und Dank, ...dass er euch, für die ich allweg sorgfältig bin (d.h. für die ich mich stets sorge), aus den ägyptischen Finsternissen... in das wunderbare Licht seines Wortes geführt hat.›

Die *zürcherische Regierung* förderte die junge und gefährdete Reformation in der Ostschweiz zunächst, indem sie reformatorisch gesinnte Prediger schickte. Johann Valentin Furtmüller kam aus Zürich nach Altstätten. Der Zürcher Rat wandte sich aber auch wiederholt an den Abt von St.Gallen und forderte ihn auf, seine Untertanen in Glaubenssachen frei entscheiden zu lassen, wobei er beschwichtigend hinzufügte, eine Kirchenreformation müsse nicht mit einer Abschaffung der Abgaben verbunden sein, im Gegenteil, die Einkünfte des Abtes wären auch in Zukunft gesichert. Die Hilfeleistung Zürichs wurde vielfach von den Bewohnern der st.gallischen Landschaft selbst gewünscht. So baten die Rorschacher Zürich, ihnen bei der Durchführung der Reformation zu helfen. Als im Mai 1527 in St.Gallen ein grosses Schützenfest stattfand, erschienen vierhundert Fürstenländer unter Anführung des alten ‹Fuchs› Gerster und überreichten den Zürcher Schützen einen schweren Ochsen, den schönsten, den sie hatten auftreiben können! Das Geschenk zeigt deutlich, welch hohe Erwartungen religiöser (und doch wohl auch politisch-sozialer) Art sich mit dem Namen Zürichs verknüpften.

Die Reformation setzt sich in der Landschaft weitgehend durch

Eine allgemeine Tendenz zeichnet sich ab: Spätestens von der Mitte der zwanziger Jahre an gelangten in allen Gegenden des heutigen Kantons St. Gallen reformatorische Ideen ins Volk, und sie wurden begierig aufgesogen. In wenigen Gemeinden wurde das äusserlich sofort sichtbar. Es war ja nicht üblich, dass das Volk in kirchlichen Angelegenheiten selbst entscheiden konnte.

Am frühesten wagten es einige Gemeinden im Toggenburg, darunter Wildhaus, die Messe abzuschaffen. Zwingli half persönlich, das Kirchenwesen in seiner Heimat zu ordnen. Seit dem Jahr 1529 hatte das evangelische Toggenburg eine eigene Synode, welche sämtliche Pfarrer umfasste und bis zur Gründung des Kantons St. Gallen bestehenblieb. Der erste Satz ihrer Statuten lautete: ‹Alle Prädikanten in der Grafschaft Toggenburg sollen hinfort das ewige, immerwährende Wort Gottes lauter und ohne alle Menschensatzungen verkünden und den vorgenommenen Text mit andern biblischen Schriften Alten und Neuen Testaments erklären, damit die Ehre Gottes gemehrt und alle Missbräuche ausgerottet werden.›

Von 1528 an, nach dem für die Reformation günstig verlaufenen Glaubensgespräch in Bern, war die Reformation auch äusserlich gesehen immer erfolgreicher. Überall wurden Gemeindeversammlungen einberufen, um über die Abschaffung der Messe, die Ausräumung der Kirchen, wenn es nötig schien, auch über die Berufung eines reformierten Predigers zu beschliessen. ‹Wem wohlgefällt›, rief Ammann Vogler den Bürgern von Altstätten zu, ‹dass man auch einen Prädikanten habe, der uns das

Wort Gottes verkündige, wie an andern Orten geschieht, der stehe zu mir auf meine Seite!› Die Mehrheit der Gemeinde schritt hin zu Vogler. Etwas später entschieden sich die Altstätter, Marbacher, Balgacher und Bernecker an einer Landsgemeinde in Marbach mit allen gegen drei Stimmen für die Reformation. In andern Gemeinden fielen die Abstimmungsergebnisse weniger eindeutig aus, so in Walenstadt, wo im ganzen viermal, zweimal vor und zweimal nach dem ersten Kappelerkrieg, über den Glauben abgestimmt wurde. *So wurde landauf und -ab ‹mit meerer hand›* (vgl. das neunte Kapitel) *über den Glauben entschieden.* Im Vergleich zur hierarchischen Verfassung der katholischen Kirche kam das einer Revolution gleich.

Wenn in einer Gemeinde die Reformation eingeführt wurde, bedeutete das von aussen gesehen die *Entfernung der Bilder und Altäre aus der Kirche.* Mit dem Begriff ‹Bildersturm› muss man vorsichtig sein. In der Regel handelte es sich wie in St. Laurenzen (vgl. das siebente Kapitel) um einen geordneten Vorgang. Es sei aber nicht verschwiegen, dass sich dabei gelegentlich vor allem jüngere Leute ungebührlich benahmen. ‹In dem huobend si mengerlei Mutwillen zuo tryben mit schantlichem Wesen, so si ein gros Marterbild von St. Sebastian gen Schänis an ein Seil zugend, darby si vil gespötts tribend, und für anders schabetend si im ouch die bründe (den gemalten Bart) und suochtend im die wilden Zänd. Also pflanzeten si das Gotteswort gar fyn, als so einer ein lustgarten mit Dörn übersatzte und wölt sich dennoch für ein guoten Pflanzer usgen›, zürnt und spottet mit Recht ein Anhänger des katholischen Glaubens (Valentin Tschudi) über die Ausschreitungen in Schänis.

In den von Alois Senti gesammelten ‹Sagen aus dem Sarganserland› spiegeln sich die hochgehenden Emotionen des Reformationsjahrhunderts wider: ‹Wo d Melser schier refermiert wordä sind, äs hett nümä vil pruucht, seïgen d Wangser mit Stäggä und Sägäsä gä Mels yhi und hind für än altä Glaubä glueget. Us Dangg für diä Hülf hind si duä nohär in dr Chilchä törfä in

dä vorderschtä Binggä Platz nii. Diä häissen hüt na Wangser
Bingg.› – ‹Wo d Reformaziu gsii isch, hind d Valinser di Hailiga
und d Bilder us dr Chircha in der Helga Halda ahi gworfa. Alls
heïgen si det ahi gworfa, d Statue und d Bilder. A Wucha lang
seïgen si vum Glauba abgfalla gsii, d Valinser.› – ‹Dr hailig Jakob
hai aina mit em hai gnuu. A Valinser. Hät na wella in Oufa yhi-
schoppa. Hät er nid recht yhi müüga zum Oufaloch. Dua hai er
gsait: ‚Tugg di, Joggeli!' und gäb em a Sparz, hinda nohi… und
brichi gad a Bai. Ds Bai abgschlaaga am Oufa, tinggi. Und dr hailig Philipp, der säb hind si dur d Helga Halda ahi gworfa.› Mehrere Priester, die nicht im Sinne der Reformation predigen wollten, wurden vertrieben, so in Oberkirch der Vorgänger des an
diesem Vorgang allerdings unschuldigen Jakob Kaiser.

Der Abt von St.Gallen, die katholischen Schirmorte der Abtei
und die katholischen Landvögte bemühten sich, der Reformation einen Riegel zu schieben. In einem Mandat verbot der Abt
die Übertretung der Fastengebote und den Besitz neu ver-
deutschter Testamente. Als die Mahnungen und Drohungen
nichts nützten, wurde in etlichen Fällen gerichtlich gegen die
‹Ketzer› vorgegangen. Den Toggenburgern drohte Schwyz mit
Krieg. *Beim Ausbruch des ersten Kappelerkrieges war* dennoch
fast die ganze st.gallische Landschaft reformiert, am frühesten
und vollständigsten das Toggenburg, durchgehend Sax und
Werdenberg, fast ohne Ausnahme das Fürstenland, das Rheintal
und das Gaster. Selbst im Sarganserland, wo der streng katholische und tüchtige Landvogt Gilg Tschudi regierte, gab es in beinahe allen Gemeinden grosse Minderheiten oder gar kleine
Mehrheiten von Reformierten.

Immerhin war die Reformation *vielerorts überstürzt* und mit
zu wenig innerer Überzeugung eingeführt worden. Im Frühling
1529 beschlossen die Kirchgenossen von Rheineck-Thal, wo
kurz vorher die Messe abgeschafft worden war, Kelch und Mon-
stranzen einstweilen nicht zu verkaufen, damit ‹ob es sich begeb,
das der alt gloub widerum fürbracht werde, …das man kosten

spärei. Das Zitat spricht für sich. Die Bewährungsprobe für die Reformation kam erst nach dem zweiten Kappelerkrieg.

Die zürcherische Expansion in die Ostschweiz

Ende 1528 war es an Zürich, den Schirmhauptmann für die Fürstabtei St. Gallen zu stellen. Es schickte den energischen Jakob Frei in die äbtischen Lande. Zürich wartete damals auf den Tod des schwerkranken Abtes Franz Gaisberg. Nachher sollte Frei sofort den ganzen Klosterbesitz zuhanden der vier Schirmorte einziehen. Da griffen die paar treugebliebenen und misstrauisch gewordenen Mönche zu einer List: Während Tagen noch trug der Kammerdiener des Abtes Speise und Trank in das Gemach seines bereits verstorbenen Herrn. Unterdessen wählten die Mönche in der Nebenstube des ‹Roten Löwen› in Rapperswil Kilian Germann zum neuen Abt. Damit waren Zürichs Pläne durchkreuzt. Doch es wich nicht von seinem Entschluss, den Klosterstaat aufzuheben. *Im Juni 1529*, nach Ausbruch des ersten Kappelerkrieges (vgl. das neunte Kapitel), *marschierten die Zürcher im Fürstenland und im Rheintal ein.* Abt Kilian floh mit ‹frombden klaidern› über den Bodensee. Fürstenländer und Rheintaler hielten die Stunde ihrer Freiheit endlich für gekommen. Sie überreichten Zürich eine Wunschliste, die in der selbständigen Bestellung eines Landrates und eines Landammanns gipfelte. Das hätte die Gründung eines eigenen Staates nach appenzellischem Vorbild bedeutet.

Doch Zürich erfüllte die Wünsche der Landleute nicht. *In Zürich hatte man die Reformation nie als eine Umwälzung der politischen Herrschaftsverhältnisse verstanden.* Bereits im Jahr 1523 hatte Zwingli den Unterschied ‹*Von göttlicher und menschlicher Gerechtigkeit*› erläutert. Zwingli führte in dieser Schrift aus, die Bergpredigt (‹göttliche Gerechtigkeit›), auf die sich die Bauern beriefen, enthalte keine Grundsätze für das wirtschaftlich-politische Leben. Sie decke uns die Sünde auf und

treibe uns zum Evangelium. In dieser von der Sünde beherrschten Welt aber müssten irdische Gesetze und Steuern sein
(‹menschliche Gerechtigkeit›). Man hielt den st.gallischen Landleuten vor, ihre Forderungen hätten nichts mit dem Evangelium
zu tun.

Das Fürstenland erhielt eine neue Verfassung, nach welcher
die Herrschaft vom Abt auf den Schirmhauptmann übertragen
wurde. Um einem Rückfall in den Katholizismus vorzubeugen,
war in der Verfassung vorgesehen, ‹dass der houptman, so je
zuo zyten von den vier Orten hiehär verordnet wirt, ein wolver-
ständig fromm dapfer gotliebender man sin soll, der dem göttlichen wort, ouch evangelischer leer und warheit günstig und nit
zewider sige…› Ende 1530 wäre das katholische Luzern an die
Reihe gekommen, für die nächsten zwei Jahre den Schirmhauptmann zu stellen. Dass es sich auf die eben zitierte Bedingung nicht einlassen konnte, ist klar. Deshalb blieb Jakob Frei
einfach weiter in seinem Amt!

Einige Zugeständnisse wurden den Fürstenländern immerhin
gemacht. Ein zwölfköpfiger Landrat sollte dem Schirmhauptmann zur Seite stehen. Acht von diesen zwölf Landräten durften
die Fürstenländer selbst wählen. Die Pfarrwahl wurde nun offiziell Gemeindesache. Schliesslich fiel der ‹Todfall› weg. Zinsen
und Zehnten blieben in Anwendung von Zwinglis Schrift ‹Von
göttlicher und menschlicher Gerechtigkeit› bestehen.

Noch weniger günstig entwickelte sich die Sache für die
Rheintaler. Sie bekamen nicht einmal einen Landrat. Zürich
übernahm auch hier die Vorherrschaft, zuletzt in der Person von
Zwinglis Schwager Ulrich Stoll, nachdem der rechtmässige
Landvogt, der unfähige Unterwaldner Sebastian Kretz, verjagt
worden war. Wenigstens der ‹Todfall› wurde den Rheintalern er-
lassen.

Die Toggenburger hatten mehr Glück. Zürich und Glarus ver-
kauften ihnen im Sommer 1530 die Rechte des Fürstabtes um
fünfzehntausend Gulden, also ungefähr um dieselbe Summe,

um die der Abt das Land seinerzeit erworben hatte. Es entstand ein selbständiges Staatswesen nach dem Vorbild von Appenzell.

Die Zürcher sorgten dafür, dass die letzten katholischen Kirchgemeinden im Fürstenland und im Rheintal, Wil und Montlingen-Oberriet, der Reformation zugeführt wurden. (In Montlingen-Oberriet hatte als Priester der aus Appenzell vertriebene, menschlich bedeutende, treu katholische Diepold Huter geamtet.) Nachdem – nur noch für ein Vierteljahr – auch Rapperswil reformiert geworden war, blieben vom gesamten heutigen Kanton St.Gallen lediglich Uznach, das Städtchen Sargans und – wenigstens halbwegs – einige andere Sarganserländer Gemeinden katholisch.

Zwischenbemerkung

Im Lauf dieser ‹Kleinen St.Galler Reformationsgeschichte› wurde schon mehrfach darauf hingewiesen, dass die mit der Reformation verbundenen Personen und Ereignisse neben ihren grossen Lichtseiten auch ihre Schattenseiten hatten. Wir erwähnten im dritten Kapitel Zwinglis zweideutiges Verhältnis zur Frage der Gewalt. Am Beispiel Wibrat Mörlis versuchten wir im achten Kapitel zu zeigen, dass es auch ernsthafte und bedeutende katholisch gesinnte Persönlichkeiten gab, denen Unrecht geschah. Dass es gelegentlich zu Bilderstürmen kam, können wir verstehen. Trotzdem gehören solche Vorkommnisse nicht auf das Ruhmesblatt der Reformationsgeschichte. Wir meinen, gerade *eine den tiefsten Anliegen der Reformation verpflichtete Geschichtsschreibung* dürfe sich nicht solchen Erkenntnissen verschliessen. ‹Gerecht und Sünder zugleich› war eine der hintergründigsten Formulierungen Luthers. Er meinte damit den Menschen *nach* der Begegnung mit Christus. ‹Uss tiefer not schry ich zuo dir›, hiess der Psalm, der am 8. September 1527 als erstes evangelisches Kirchenlied in St.Gallen gesungen wurde. ‹Denn so du willst das sehen an, was Sünd und Unrecht ist getan, wer kann, Herr, vor dir bleiben?› lautet der Schluss der ersten Strophe im heutigen Kirchengesangbuch.

Auch die eben geschilderte zürcherische Expansion in die Ostschweiz gehört mindestens teilweise zu diesen *Schattenseiten der Reformation.* Gewiss, es ist nicht daran zu zweifeln, dass Zwingli und die von ihm beratene Zürcher Regierung das Anliegen der Reformation im Gebiet des heutigen Kantons St.Gallen fördern und sichern wollten. ‹Hätte sich die Reformation auf das heute so genannte religiöse Gebiet beschränkt, ohne Angriff auf vorhandene Rechtsverhältnisse, dann hätte sie nie durchdringen können›, schrieb mit Recht Leonhard von Muralt, einer der hervorragendsten Kenner der Schweizer Reformationsgeschichte. Trotzdem bleibt ein bitterer Nachgeschmack, wenn man das auf den letzten Seiten Erzählte liest. Echte Hoffnungen der St.Galler Landleute wurden von Zürich enttäuscht. Bei den zürcherischen Politikern war auch gewöhnliches Machtdenken mit im Spiel. Zürich wollte die Ostschweiz beherrschen, so wie Bern einige Jahre später die Waadt erobern sollte. Die Enttäuschung über die nicht erlangte politische Freiheit erleichterte vielen St.Galler Landleuten nach dem zweiten Kappelerkrieg die Rückkehr zum Katholizismus.

Der zweite Kappelerkrieg und seine Folgen

Der Ausgang des zweiten Kappelerkrieges bestimmte die konfessionellen Verhältnisse in der st.gallischen Landschaft bis zum Ende der Alten Eidgenossenschaft im Jahr 1798. Der *zweite Kappeler Landfrieden* sah vor, dass die dreizehn vollberechtigten Orte und die Zugewandten Orte bei ihrem Glauben bleiben durften. In den Gemeinen Herrschaften blieb das Gemeindeprinzip bestehen, doch mit umgekehrten Vorzeichen. Hatte der erste Friede die Reformierten bevorzugt, so waren im zweiten *die Katholiken im Vorteil.* Reformierte Mehrheiten in den Gemeinden sollten geduldet werden, reformierten Minderheiten wurde der evangelische Gottesdienst verweigert. Katholische Minderheiten durften ihren Gottesdienst behalten oder sogar neu einführen. Ausgeschlossen vom Frieden waren das Toggenburg, Rapperswil und die Landvogtei Gaster.

Im ganzen brachte der zweite Friede den jungen reformierten Gemeinden in der st.gallischen Landschaft schwere Verluste. Vadian trauerte über den ‹erbarmklichen abfal› oder sogar ‹gächen abfal›, der vielerorts eintrat. Es lassen sich drei Gründe unterscheiden:

– Die Zürcher mussten abziehen und hinterliessen enttäuschte Hoffnungen und ein Gefühl elender Verlassenheit.
– Der zweite Landfrieden erlaubte in den meisten Gebieten die Anwendung von Zwang und sanfter Gewalt von seiten der Landvögte und des st.gallischen Abtes.
– Das reformierte Glaubensverständnis hatte sich in der kurzen Zeit nicht tief genug einpflanzen lassen.

Hält man sich diese Gründe vor Augen, so kann es einen nicht wundern, dass grosse Teile der Bevölkerung wieder katholisch wurden. *Es erstaunt vielmehr und spricht für die Überzeugungskraft der reformatorischen Botschaft, dass es Leute gab, die reformiert blieben.* ‹Mochten seinerzeit bei der Einführung der Reformation wirtschaftliche und politische Absichten mitgespielt haben – bei der Verteidigung des (reformatorischen) Glaubens gegen die Rekatholisierung konnte dies nicht mehr der Fall sein. Die politische Lage hatte sich zu deutlich geändert, als dass die Evangelischen von ihrer Haltung irgend welchen anderweitigen Vorteil hätten erwarten können› (Ernst Ehrenzeller). Selbst in rekatholisierten Gebieten hören wir nach Generationen noch von einzelnen Reformierten. Verschiedene Familien wanderten aus Glaubensgründen aus; z.B. fanden einige Rorschacher im Appenzellerland oder in der Stadt St.Gallen eine neue Heimat.

Machen wir zum Abschluss nochmals einen Rundgang durch das ganze Gebiet des heutigen Kantons St.Gallen!

1. Die *Stadt St.Gallen* blieb reformiert.

2. In der *Abtei St.Gallen* wurde der Fürstabt wieder in seine alten Rechte eingesetzt.

Im *Fürstenland* beschlossen die Gotteshausleute mehrheitlich, den Abt wieder als ihren Herrn anzuerkennen. Einige Gemeinden, darunter die alte Äbtestadt Wil, kehrten freiwillig zum Katholizismus zurück. ‹Wil hat irn evangelischen predicanten verschenkt!› lesen wir im Tagebuch Vadians. Als Abt Diethelm Blarer in Wil einritt, wurde er mit einer ‹pürischen pracht› empfangen. Es wurden ihm ‹ob 100 junger knaben mit hülzinen schwertlinen (kleinen Holzschwertern)› entgegengeschickt. Die Männer hatten ihre Hüte mit Tannenzweiglein geschmückt.

Es gab Fürstenländer, die gern reformiert geblieben wären. Fünfzehnhundert Gossauer hielten zu ihrem bedeutenden und beliebten Pfarrer Walter Klarer, während nur fünfundzwanzig Leute in der gleichen Gemeinde die Messe zurückwünschten. Doch der Abt nahm die Rekatholisierung des Fürstenlandes mit Entschiedenheit an die Hand. Vadian wirft ihm vor, er habe an verschiedenen Orten mit grosszügigem Ausschank von Wein und der Erlaubnis von Spiel und Tanz nachgeholfen. Im Jahr 1534 wurden alle reformierten Pfarrer aus dem Fürstenland vertrieben. Langsam kam auch die vom Konzil in Trient beschlossene ‹katholische Reform› in Gang. Im Jahr 1572 befahl der Abt allen über vierzehn Jahre alten Untertanen im Fürstenland, am Sonntag die Messe zu besuchen, in der Fastenzeit zu beichten und an Ostern zu kommunizieren.

Im *Toggenburg* wagte es Abt Diethelm Blarer nicht, so streng wie im Fürstenland durchzugreifen. Das Toggenburg war eben noch ein selbständiger Staat gewesen und hatte schon vor der Reformation mehr Rechte als die ‹Alte Landschaft› besessen. Hauptsache war dem Abt hier zunächst die Wiederherstellung seiner politischen Herrschaft, wobei er seinen Untertanen selbst da entgegenkam: Die Toggenburger erhielten Anteil am Gerichtswesen, und der Landvogt sollte in Zukunft aus einer einheimischen Familie stammen.

In religiöser Hinsicht sah sich der Abt zu grossen Zugeständnissen gezwungen. Wieder katholisch wurden nur einige Gemeinden im unteren Toggenburg, darunter Magdenau, Mosnang und Bütschwil (auch hier gab es einzelne reformierte Familien). Die übrigen Gemeinden blieben mehrheitlich oder anfänglich sogar ganz reformiert. Der Abt und seine Nachfolger mussten sich damit begnügen, den katholischen Minderheiten ein Mitbenützungsrecht an den Kirchen zu sichern. Es entstanden sogenannte *Simultankirchen,* in denen (teilweise bis in die Gegenwart hinein) Gottesdienste für beide Konfessionen abgehalten wurden. Im Verlauf der folgenden Jahrhunderte führte das immer wieder zu Reibereien.

Doch der Abt musste nicht nur Zugeständnisse machen. Als Landesherr sicherte er sich ein gewichtiges Mitbestimmungsrecht in der evangelischen Kirche: Der katholische Abt setzte die evangelischen Toggenburger Pfarrer ein und visitierte sie! Erst im achtzehnten Jahrhundert erlangten die evangelischen Toggenburger eine grössere kirchliche Freiheit. Im übrigen förderten die Fürstäbte die Einwanderung katholischer Familien ins Toggenburg. Einwohner, die nicht das Bürgerrecht besassen, wurden im Jahr 1588 vor die Wahl gestellt, fortzuziehen oder katholisch zu werden. Aufgrund dieser äbtischen Politik ist der katholische Bevölkerungsanteil im Toggenburg allmählich gewachsen.

3. In *Rapperswil* zogen schwyzerische Truppen ein. Nach den Angaben Vadians sind dreissig ‹christen› und Pfarrer Kilchmeyer geflohen. Ein reformierter Stadtbürger verschanzte sich so in seinem Haus, dass es von den Schwyzern gestürmt werden musste! Rapperswil wurde vollständig rekatholisiert und seiner politischen Selbständigkeit, die es vor der Reformation genossen hatte, teilweise beraubt.

4. Dem *Gaster* schrien die Uznacher zu:

> ‹Hie Schwitz grund und boden,
> hie kuodreck biss an knoden.›

Die katholisch gebliebenen Uznacher hatten gut lachen, sie waren bei den Schwyzern lieb Kind, während es den reformierten Gasterleuten in der Tat ‹dreckig› ging. Sie waren vom zweiten Kappeler Landfrieden ausgeschlossen, weil sie als Untertanen von Schwyz und Glarus im Krieg zu Zürich gehalten hatten. Kniefällig, unter Weinen und Flehen, mussten sich ihre Anführer vor den Schwyzer Herren als ‹ehrlose, meineidige› Leute bekennen. Die katholische Form des Gottesdienstes wurde wieder eingeführt. Obwohl Glarus mehrheitlich reformiert war, wagte es nicht, sich für die gedemütigten Untertanen zu wehren.

5. Mit Ausnahme der Herrschaft Wartau wurde auch die teilweise mehrheitlich reformierte Landvogtei *Sargans* völlig rekatholisiert. Treibende Kraft war der energische Landvogt Gilg Tschudi, der es verstand, die Bestimmungen des zweiten Kappeler Landfriedens zu hintertreiben.

6. Die Landvogtei *Werdenberg* blieb geschlossen reformiert. Die Glarner schickten hier in Zukunft nur reformierte Landvögte hin.

7. *Gams* wurde wie das Gaster rekatholisiert.

8. Die Herrschaft *Sax* musste die verschiedenen religiösen Kehrtwendungen ihrer Herren mitmachen und wurde am Ende reformiert. (Im Jahr 1615 übernahm Zürich Sax für 105 000 Gulden.)
Auch wenn bei der Einführung der Reformation im Werdenberg und in der Herrschaft Sax die Entscheidung der Landesherren den Ausschlag gab, entwickelte die Bevölkerung im Lauf der Jahrhunderte ein ausgeprägt reformiertes Bewusstsein.

9. In der Landvogtei *Rheintal* wurden die Bestimmungen des zweiten Kappeler Landfriedens ehrlich angewandt. Der Unterwaldner Landvogt Kretz kehrte ins Schloss Rheineck zurück. Ammann Vogler in Altstätten flüchtete aus seiner Heimat, nachdem ein Bote mit einem Rosenkranz um den Hals vor seinem Haus gerufen hatte: ‹Wo ist der Vogler? Der Strick ist ihm gemacht, daran er hangen muss.› Die Kirchgenossen von Montlingen-Oberriet, die unter Druck reformiert geworden waren, wurden sofort wieder katholisch. In allen übrigen Gemeinden hielt die Mehrheit an der Reformation fest. Es fanden sich jedoch katholische Minderheiten, die gemäss den Bestimmungen des Friedensvertrages die Messe wieder einführten. Wie in den meisten Toggenburger Gemeinden dienten in Altstätten, Marbach, Balgach, Berneck, St.Margrethen und Rheineck-Thal die Gotteshäuser als *Simultankirchen* beiden Konfessionen (auch hier teilweise bis in unser Jahrhundert hinein). Anderswo in Europa wurden noch blutige Kriege um den wahren Glauben geführt. Wenn auch unter schweren Auseinandersetzungen, lernten die Toggenburger und Rheintaler dagegen schon früh das Zusammenleben mit andersgläubigen Menschen.

Was heisst: evangelisch-reformiert?

Tragen wir die wesentlichen Elemente zur Beantwortung dieser Frage aus der ‹Kleinen St.Galler Reformationsgeschichte› zusammen! Aus dem Kapitel über Zwingli und aus der Schilderung der Ereignisse in St.Gallen geht hervor:

1. Am Anfang der Reformation stand die *Begeisterung für die Bibel.* Zwingli schrieb die Paulusbriefe eigenhändig ab. In den ‹Lesinen› kommt das St.Galler Reformationsgeschehen am sichtbarsten zum Ausdruck. Der Fürstabt von St.Gallen hingegen verbot damals seinen Untertanen den Besitz einer Bibel.

2. Im Mittelpunkt der mit Entdeckerfreude gelesenen Heiligen Schrift stand Jesus, nicht nur als ethisches Vorbild, sondern *Jesus Christus als Retter.* ‹Kumend zuo mir alle die arbeitend und beladen sind / und ich will üch ruow machen›, war Zwinglis Lieblingsspruch. Wir Menschen müssen vor Gott keine Angst haben. Wir dürfen uns unmittelbar an ihn wenden. Gott sorgt für unser Heil. Das Wort ‹Gott› sei ein erfreuliches Wort, formulierte der zeitgenössische Theologe Eberhard Jüngel in einer Gedenkrede auf Karl Barth. Das war das Zentrum der reformatorischen Botschaft.

3. Von diesem Zentrum her war es möglich, dass die Menschen ihre Sünde deutlich wahrnehmen konnten. ‹Bei dir gilt nichts denn Gnad und Gunst, die Sünde zu vergeben; es ist doch unser Tun umsonst auch in dem besten Leben› heisst es in Luthers in der St.Galler Reformation so wichtigen Nachdichtung von Psalm 130. *Selbst der von Jesus Christus gerettete Mensch bleibt noch ein Stück weit der Sünde verhaftet,* jedenfalls so-

lange er noch auf dieser Erde lebt. – Diese Einsicht bewahrt den von der reformatorischen Botschaft geprägten Menschen vor Selbstüberschätzung. Sie hilft ihm menschlich bleiben. Er ist sich der Relativität und Zweideutigkeit auch des besten Handelns bewusst. Recht verstanden ist diese Einsicht der beste Schutz gegen jeden Hang zu Fanatismus, Absolutismus und Totalitarismus.

4. Weil Gott für unser Heil sorgt, können wir ihm diese Sorge getrost überlassen und uns dem Wohl des Menschen zuwenden. Die guten Werke sind nicht die Bedingung, sondern die Früchte des Heils. *Der Mensch, der sich die Botschaft von der bedingungslosen göttlichen Zuwendung zu Herzen nimmt, spürt in sich neue ethische Kräfte.* Der Heidelberger Katechismus, der im Jahr 1563 erschienene Hauptkatechismus der reformierten Kirchen, der dann auch in St.Gallen eingeführt wurde, stellte das Handeln des Christen unter die Überschrift ‹Von der Dankbarkeit›. Nicht um sich einen Platz im Himmel zu sichern, soll sich der evangelisch-reformierte Christ bemühen, ein guter Mensch zu sein, sondern er kann gut sein, weil ihm der Himmel in Jesus Christus geschenkt ist. Wer sich geliebt weiss, weiss sich gut. Wer die Liebe Gottes erfahren hat, weiss sich dazu befreit, seinen Mitmenschen zu lieben.

5. Der evangelisch-reformierte Christ sucht *Gott im Wort zu begegnen,* d.h. wo die Heilige Schrift neu in die Gegenwart hinein ausgelegt wird. ‹Also kommt der Glaube aus der Predigt, die Predigt aber durch das Wort Christi› (Röm. 10,17). Dieser Satz des Apostels Paulus wurde für das Selbstverständnis der evangelischen Kirchen ausserordentlich wichtig. *Der reformatorische Gottesdienst ist in erster Linie Predigtgottesdienst,* wobei die Predigt über den Verstand zum Herzen spricht. ‹Aber in der versammelten Gemeinde will ich lieber fünf Worte mit meinem Verstand reden, damit ich auch andre unterweise, als zehntausend

Worte in Zungenrede› (1. Kor. 14,19). Selbst die ‹Sakramente› Taufe und Abendmahl werden von einer durch die Reformation angeregten Theologie vorzüglich als ‹Verkündigungshandlungen› verstanden. In dieser *Konzentration auf die Verkündigung* besteht die Stärke und die Schwäche der evangelischen Kirchen. ‹Aber (Christus) soll und muss also predigt sein / d(a)z mir un dir / der glaub drauss erwachs un erhalten werd… Dann wo ein hertz also Christum höret / das muss frölich werden von gantzem grund / trost empfahen / un süss werden gegen Christo / yhn widderumb lieb zuhaben› (Luther, ‹Von der Freiheit eines Christenmenschen›). ‹Wenn also heute dieses Wort Gottes durch rechtmässig berufene Priester in der Kirche verkündigt wird, glauben wir, dass Gottes Wort selbst verkündigt und von den Gläubigen vernommen werde, dass man aber auch kein anderes Wort Gottes erfinden oder vom Himmel her erwarten dürfe; und auch jetzt müssen wir auf das Wort selber achten, das gepredigt wird, und nicht auf den verkündigenden Diener; ja wenn dieser sogar ein arger Bösewicht und Sünder wäre, so bleibt nichtsdestoweniger das Wort Gottes wahr und gut› (Heinrich Bullinger, Zwinglis Nachfolger am Grossmünster, im auch für St.Gallen massgebenden Zweiten Helvetischen Bekenntnis von 1566).

6. Das von der Reformation entfaltete Kirchenverständnis hat einen Zug zur Demokratie. *Evangelische Kirche sollte in erster Linie Gemeindekirche und nicht Pfarrerkirche sein.* Gerade in St.Gallen, wo die ‹Laien› (d.h. Nichtpriester) von Anfang an eine führende Rolle in der Reformationsgeschichte spielten, wird dieser Zug evangelisch-reformierten Kirchentums sichtbar.

7. Wichtig für die Reformation war das *Verständnis des werktätigen Lebens als Gottesdienst.* ‹Ein besser werk tuond die bärtling (unrasierte, ungepflegte Männer), die sich auf gelegen ort in die hölzer ziechend und bürsten, besen, ofenkruken und mausfallen machend…›, sagte Vadian. ‹Sie (die Stallmagd) vollbringt

alles durch dich (Gott); sie melkt durch dich die Kuh und was sie
an niedrigsten Abeiten vollbringt; grösste und geringste Arbeiten
sind ihr gleich willkommen›, formulierte Luther in einer Vorlesung. Zum Menschenbild der Reformation gehört diese Hochschätzung der Arbeit.

8. ‹*Ecclesia reformata semper reformanda*› (d.h. die reformierte Kirche muss sich immer neu reformieren lassen). Diese
Forderung wurde von den evangelisch-reformierten Christen
Frankreichs schon im sechzehnten Jahrhundert erhoben. Reformation ist nicht ein einmaliges Geschehen, das in einer Reformationsgeschichte ein für allemal dargestellt werden könnte. Jede
Kirche – auch die evangelisch-reformierte – steht in der Gefahr,
zu erstarren und zu versteinern, wenn sie sich nicht immer neu
am Evangelium prüft und für weitere Erneuerungen offen und
bereit ist. Immer dort geraten die aus der Reformation hervorgegangenen Kirchen in eine Sackgasse, wo sie meinen, sich auf den
Lorbeeren einer einmal durchgeführten Reformation ausruhen
zu können.

Die römisch-katholische Kirche hat im Lauf der Zeit verschiedenes von der Reformation gelernt:

– Bereits im sechzehnten Jahrhundert beseitigte das Konzil von
  Trient viele Missstände. Es ordnete die Priesterausbildung neu
  und leitete die ‹katholische Reform› ein.
– Im zwanzigsten Jahrhundert kam es in der katholischen Kirche
  zu einer bedeutenden Bibelbewegung.
– Das Zweite Vatikanische Konzil (1962–1965) erneuerte unter
  anderem den Gottesdienst. Auch katholische Gottesdienste
  werden seither in der Landessprache abgehalten. Und selbst
  der ‹Laienkelch› (d.h. auch Nichtpriester dürfen beim Abendmahl aus dem Kelch trinken), über den in der Reformationszeit so gestritten wurde, ist neuerdings in einer katholischen
  Messfeier grundsätzlich möglich.

Heute wäre in ökumenischer Hinsicht ein Zweibahnverkehr angezeigt. *Reformierte können auch von Katholiken lernen,* z. B. gerade über die Bedeutung des Abendmahles, das nach dem Neuen Testament mehr als ein Erinnerungsmahl darstellt.

9. An den Schluss stellen wir ein Zwingli-Wort: ‹Der ist gläubig, der auf Gott allein sieht, auf ihn allein sich stützt, ihm allein anhängt und auf ihn allein hofft.› Dieser Satz fasst den Kern der reformatorischen Botschaft aufs schönste zusammen.

Nachwort

Im Herbst 1974 gab die Evangelisch-reformierte Kirche des Kantons St.Gallen einen Lehrplan für den Religionsunterricht auf der Mittelstufe der Primarschule heraus. Als mögliches Thema erscheint darin ‹Die Reformation in der Ostschweiz›. Die Lehrplankommission war von der Beobachtung ausgegangen, dass evangelische Kinder häufig ihre Eltern oder Lehrer fragen: ‹Warum gehen wir nicht in die gleiche Kirche wie unsere katholischen Nachbarn?› Wer diese Frage beantworten möchte, kommt nicht darum herum, dass er von der Reformation erzählt, und zwar dem kindlichen Auffassungsvermögen angepasst nicht von der Reformation im fernen Wittenberg, auch nicht nur von der Reformation in Zürich, sondern von den entsprechenden Ereignissen in der eigenen, engeren Heimat. Im Zeitalter der ökumenischen Bewegung wird er sich dabei um Ausgewogenheit bemühen. Es sollen nicht alte Feindbilder gepflegt werden. Aber das fragende Kind hat ein Recht darauf, zu erfahren, was das heisst: evangelisch-reformiert. Es soll vernehmen, was für ein kostbarer Schatz das mit neuen Augen gelesene Evangelium für seine Vorfahren war. Das Wissen um die eigene Herkunft ist auch eine notwendige Voraussetzung für eine fruchtbare Begegnung mit andersgläubigen Menschen.

In der Spalte ‹Hilfsmittel› notierte der Lehrplan nur: ‹Literatur wird vorbereitet.› In der Tat gab es zu jenem Zeitpunkt keine St.Galler Reformationsgeschichte, die man einem Lehrer oder Katecheten zur Vorbereitung seiner Lektionen hätte in die Hand geben können. Der Kirchenrat beauftragte deshalb die Verfasser, eine Historikerin und einen Theologen, die hier vorliegende ‹Kleine St.Galler Reformationsgeschichte› zu schreiben. Wenn möglich sollte sie nicht nur Schulzwecken dienen, sondern für weitere Kreise interessant sein.

Selbstverständlich ist die St.Galler Reformationsgeschichte kein unerforschtes Gebiet. Bereits im sechzehnten Jahrhundert entstanden die grossen Chroniken, die von den Hauptbeteiligten an der St.Galler Reformation geschrieben wurden: die ‹Äbtechronik› Vadians und die ‹Sabbata› Johannes Kesslers. Auch andere am damaligen Geschehen beteiligte Personen haben ihre Erlebnisse schriftlich festgehalten. Aus neuerer Zeit gibt es umfassende Geschichtsdarstellungen von hoher Qualität, deren einziger ‹Nachteil› für die Praxis ihre Länge ist: Im Jahr 1953 erschien der monumentale erste Band der ‹St.Galler Geschichte› von Georg Thürer. Er stellt die Reformation ausführlich dar. In den Jahren 1944 und 1957 publizierte Werner Näf sein umfangreiches, aus den Quellen erarbeitetes Werk ‹Vadian und seine Stadt St.Gallen›, dessen zweiter Band die Reformation in der Stadt St.Gallen gründlich behandelt. Der von Theodor Wilhelm Bätscher bearbeitete erste Band der ‹Kirchen- und Schulgeschichte der Stadt St.Gallen› aus dem Jahr 1964 ist eine unentbehrliche Fundgrube für die späteren Jahre der Reformation. Einige Hinweise verdanken wir auch Hans Martin Stückelbergers Buch ‹Die evangelische Pfarrerschaft des Kantons St.Gallen›, das im Jahre 1971 herauskam. Neben diesen grossen Standardwerken existieren zahlreiche gelehrte Spezialuntersuchungen und Einzeldarstellungen, auch über die Ereignisse in den ländlichen Regionen. Hervorheben möchten wir hier nur das ganz aus den Quellen gearbeitete kleine Werk von Franz Fäh ‹Die Glaubensbewegung in der Landvogtei Sargans›, das in den Jahren 1894 und 1895 erschien. Wir weisen darauf hin, um unseren Respekt vor der Arbeit einer viel älteren Generation auszudrücken. Erstaunlich an jenem Werk ist auch seine – obwohl man das Wort im heutigen Sinn damals noch nicht kannte – ökumenische Haltung.

Der Charakter dieser Veröffentlichung bringt es mit sich, dass Zitate nicht wie in streng ‹wissenschaftlichen› Werken nachgewiesen werden. Es sollte ein Buch ohne Fussnoten werden, was aber nicht bedeutet, dass sich die Verfasser nicht um wissenschaftliche Exaktheit bemüht hätten. Mancher Leser mag sich zuerst über die Zitate im alten St. Galler Deutsch ärgern. Wer damit Mühe hat, möge sie laut lesen, worauf sie schnell verständlich werden. Wir sind der Meinung, dass gerade diese Sprache einen besonderen Reiz hat und uns nahe an die Ereignisse heranführt.

Es wäre uns nicht möglich gewesen, diese ‹Kleine St. Galler Reformationsgeschichte› zu schreiben, wenn wir nicht die Unterstützung vieler Menschen gefunden hätten. Zuerst gedenken wir an dieser Stelle des verstorbenen Kirchenratspräsidenten Hans Rutz. Es war sein persönlicher Wunsch, dass dieses Buch geschrieben werde. An zweiter Stelle danken wir Frau Kirchenrätin Dr. Ursula Germann. Sie hat das Manuskript gelesen und dabei auf Verständlichkeit und stilistische Schönheit geachtet. In vielen Gesprächen hat sie uns ausserdem bei unserer Arbeit begleitet. Pfarrer Michael Dähler von der Arbeitsstelle für Religionsunterricht war fast von Anfang an dabei. Nicht nur ermutigte er die Verfasser bei ihrer Arbeit, er führte auch die Verhandlungen mit der Druckerei. Und er wird die zum Buch gehörenden Arbeitsblätter für die Hand des Schülers, die in absehbarer Zeit erscheinen sollen, betreuen. Pfarrer Volker Morf machte die fotografischen Aussenaufnahmen und stellte seine kostspieligen Apparate Pfarrer Andreas Baumann zur Verfügung, der für die fotografischen Vorlagen aller übrigen Illustrationen verantwortlich ist. Ohne die unermüdliche Hilfsbereitschaft Dr. Peter Wegelins von der Stadtbibliothek Vadiana und seiner Mitarbeiter hätte dieses Buch nicht geschrieben werden können. Prof. Dr. Ernst Ehrenzeller las kurz vor der Drucklegung das Manuskript mit grosser Sorgfalt durch. Er berichtigte einige Versehen und gab uns auch sonst wertvolle Hinweise. Die graphische Gestaltung und die Aufnahme des Umschlagbildes stammen von Max Koller. Ihnen und vielen Ungenannten, vor allem denen, die vor uns über St.Galler Reformationsgeschichte gearbeitet haben, möchten wir sehr herzlich danken.

Trübbach, im November 1977

Marianne und Frank Jehle

Nachwort zur 2. Auflage

Mit grosser Freude lassen wir unser Büchlein zehn Jahre nach seinem ersten Erscheinen noch einmal hinausgehen. Für die zweite Auflage haben wir uns darauf beschränkt, die Druckfehler auszumerzen und einige kleine Irrtümer zu korrigieren. Sonst möchten wir es unverändert lassen. Die im Zusammenhang mit der St. Galler Reformation seit 1977 neu erschienene Literatur haben wir aufmerksam verfolgt und viel Neues gelernt. An unserem Gesamtbild hat sich indessen nur wenig geändert. Wenn wir das Büchlein neu schreiben würden, hätten wir freilich Lust, einige Akzente etwas anders zu setzen. Die theologische Lebensleistung Vadians würden wir viel stärker betonen.

Die im Nachwort zur 1. Auflage angekündigten Arbeitsblätter für die Hand des Schülers haben wir zusammen mit *Hans-Paul Candrian* in der Zwischenzeit erarbeitet. Das *Lehrer-Arbeitsheft mit Kopiervorlagen und Dias* kann bei der Arbeitsstelle für Religionsunterricht, Oberer Graben 31, 9000 St.Gallen, bezogen werden.

Zum Schluss bleibt uns nichts, als dem evangelisch-reformierten Kirchenrat des Kantons St.Gallen für die Herausgabe und seinem Präsidenten, *Pfarrer Luciano Kuster,* für das freundliche Vorwort zu danken.

St.Gallen, im Juli 1987

Die Verfasser

Weiterführende Literatur in Auswahl

Für die dritte Auflage (2006) zusammengestellt von Rudolf Gamper und Marianne und Frank Jehle

a) Quellen

Fast, Heinold (Hg.): Quellen zur Geschichte der Täufer in der Schweiz, Band 2, Ostschweiz, Zürich 1973.

Kessler, Johannes: Aus Kesslers Sabbata, hrsg. von Wilhelm Ehrenzeller, St.Gallen 1945.

Kessler, Johannes: Sabbata – mit kleineren Schriften und Briefen, unter Mitwirkung von Prof. Dr. Emil Egli und Prof. Dr. Rudolf Schoch in Zürich hrsg. vom Historischen Verein des Kantons St.Gallen, St.Gallen 1902.

Meier, Gabriel (Hg.): Bericht über das Frauenkloster St. Leonhard in St.Gallen von der Frau Mutter Wiborada Fluri [Mörlin] 1524–1538, in: Anzeiger für Schweizer Geschichte 45 (1915), S. 14–44, Bern 1915.

Rütiner, Johannes: Diarium, 5 Bände, hrsg. von Ernst Gerhard Rüsch, St.Gallen 1996.

Vadian, Joachim: Ausgewählte Briefe, hrsg. von Ernst Gerhard Rüsch, St.Gallen 1983.

Vadianus, Joachim: Diarium, in: Joachim von Watt: Deutsche historische Schriften, Band 3, hrsg. von Ernst Götzinger, St.Gallen 1879.

b) Gesamtdarstellungen

Amt für Kultur des Kantons St. Gallen (Hg.): Sankt-Galler Geschichte 2003, Band 3, Frühe Neuzeit: Territorien, Wirtschaft, und Band 9, Register und Dokumentation [reiche Literaturangaben!], St.Gallen 2003.

Thürer Georg: St.Galler Geschichte, Band 1, St.Gallen 1953.

c) Einzelstudien

Blickle, Peter [und Mitarbeiter]: Aufruhr und Empörung? Studien zum bäuerlichen Widerstand im alten Reich. München 1980.

Blickle, Peter: Gemeindereformation, Die Menschen des 16. Jahrhunderts auf dem Weg zum Heil, München 1985.

Duft, Johannes: Die Glaubenssorge der Fürstäbte von St.Gallen im 17. und 18. Jahrhundert, ein Beitrag zur Seelsorgegeschichte der Katholischen Restauration als Vorgeschichte des Bistums St.Gallen, Luzern 1944.

Ehrenzeller, Ernst: Geschichte der Stadt St.Gallen, St.Gallen 1988.

Ehrenzeller, Ernst: Stadt-st.gallisches Kulturleben im ehemaligen Katharinenkloster 1598–1978, in: 121. Neujahrsblatt hrsg. vom Historischen Verein des Kantons St.Gallen, St.Gallen 1981.

Fäh, Franz: Die Glaubensbewegung in der Landvogtei Sargans, in: Jahrbuch für schweizerische Geschichte, Band 19/20, Zürich 1894/1895.

Frey, Thomas: Das Rheintal zur Zeit der Glaubensspaltung, Altstätten 1947.

Gamper Rudolf/Gantenbein, Urs Leo/Jehle, Frank: Johannes Kessler, Chronist der Reformation, St.Gallen 2003.

Lehner, Maria W.: Die Schwestern zu St. Lienhart vor der Stadt St. Gallen 1318–1538, in: Zeitschrift für Schweizerische Kirchengeschichte 55 (1961), S. 191–287, Fribourg 1961.

Müller, Theodor: Die St.Gallische Glaubensbewegung zur Zeit der Fürstäbte Franz und Kilian (1520–1530), in: Mitteilungen zur Vaterländischen Geschichte 33, St.Gallen 1913.

Näf, Werner: Vadian und seine Stadt St.Gallen. 2 Bände. St Gallen 1944 und 1957.

Rüsch, Ernst Gerhard: Vadians reformatorisches Bekenntnis, in: Zwingliana 17 (1986–1988), S. 33–47, Zürich 1988.

Staerkle, Paul: Beiträge zur spätmittelalterlichen Bildungsgeschichte St.Gallens, in: Mitteilungen zur vaterländischen Geschichte 40, St.Gallen 1939.

Bildnachweis

Die in diesem Buch reproduzierten Originale befinden sich an folgendem Standort und wurden mit Genehmigung der betreffenden Institution gedruckt:
Abbildung Seite 22/23: Stiftsbibliothek St.Gallen
Abbildungen Seite 10, 43, 54, 61, 78, 79, 83, 116: Kantonsbibliothek (Vadiana) St.Gallen
Abbildungen Seite 17, 48: Stadtarchiv (Vadiana) St.Gallen
Abbildung Seite 87: Historisches und Völkerkundemuseum St.Gallen
Abbildung Seite 53: Kunstmuseum St.Gallen
Abbildung Seite 35: Zentralbibliothek Zürich
Die Fotografien auf Seite 24, 25, 115 stammen von Pfarrer Volker Morf, die fotografischen Vorlagen zu allen übrigen Bildern (mit Ausnahme der Bilder auf Seite 87) von Pfarrer Andreas Baumann.